New 농구교본

KANGAERUCHIKARAWONOBASU! BASKETBALL RENSHUMENU 200
© Ikeda Publishing Co., Ltd. 2009
Originally published in Japan in 2009 by Ikeda Publishing Co., Ltd.
Korean translation rights arranged through TOHAN CORPORATION, TOKYO.,
and BC Agency, SEOUL
Korean translation rights © 2011 by SAMHO MEDIA

이 책의 한국어판 저작권은 BC 에이전시를 통한
저작권자와의 독점 계약으로 삼호미디어에 있습니다. 저작권법에 의해
한국 내에서 보호를 받는 저작물이므로 무단전재와 복제를 금합니다.

New Basketball

New 농구교본

오노 슈지 지음 | 김동광 감수 | 김정환 옮김

Message by **Shuji ONO**

농구의 매력
What's Basketball?

노력하면 누구나 명선수가 될 가능성이 있다

농구의 매력

농구는 10피트(3m 5cm) 높이에 설치된 링에 공을 넣어 득점을 겨루는 스포츠입니다. 링 안으로 공이 빨려 들어가는 순간 경기장은 커다란 환호소리로 뒤덮입니다.

슛이 들어가기 직전 공의 궤도에는 여러 가지가 있습니다. 깔끔한 포물선을 그리는 우아한 슛, 상대 수비수를 교묘히 제치고 백보드에 맞혀 집어넣는 슛, 링 위에서 공을 내려찍는 덩크슛 등도 관객을 열광의 도가니로 빠트립니다.

기본적으로 농구는 한 골에 2점을 주는데, 그 2점에도 각각의 의미가 있습니다. 상대를 추격하는 2점, 상대방을 멀리 떨어트리는 2점 그리고 상대를 역전시키는 2점. 때로는 타임업(경기 종료) 버저 소리와 함께 슛이 들어가 대역전 승리를 거두는 극적인 장면을 볼 때도 있습니다. 이것은 그야말로 농구의 재미를 상징하는 대표적인 장면이라고 할 수 있을 것입니다.

농구 경기의 관전 포인트

그러나 농구에서 중요한 플레이는 슛만이 아닙니다. 슛이 성공할 확률을 높이기 위해 사용되는 드리블이나 패스 그리고 그것을 봉쇄하기 위해 노력하는 수비 또한 농구 경기의 관전 포인트 중 하나입니다. 실제로 경기 후의 스코어에는 각 선수의 득점과 함께 어시스트(골로 이어지는 패스)의 수와 스틸(상대로부터 공을 가로채는 것)의 수도 함께 기록됩니다. "리바운드를 지배하는 자가 경기를 지배한다"라고 할 만큼 리바운

드(골이 되지 않은 공을 잡는 것) 또한 경기의 명암을 가르는 중요한 플레이이며, 리바운드의 수 또한 스코어에 명기됩니다. 대회가 끝난 뒤에는 득점을 많이 한 선수뿐만 아니라 어시스트를 많이 한 선수, 수비를 잘한 선수, 리바운드를 많이 잡은 선수 등도 찬사를 받습니다.
화려한 득점 장면뿐만 아니라 공에 대한 집념과 집중력을 잃지 않고 필사적으로 플레이하는 자세에도 주목한다면 농구가 더욱 재미있어질 것입니다.

승리에 공헌하는 방법에는 여러 가지가 있다

농구라고 하면 키가 큰 선수가 압도적으로 유리하다는 이미지가 있을지도 모릅니다. 키가 크면 골 밑 싸움에서 우위를 차지할 수 있는 것은 분명한 사실이지만, 그 차이를 메울 만큼의 점프력이 있거나 포지셔닝 능력이 뛰어나다면 키가 큰 선수와 호각 이상으로 겨룰 수 있습니다. 또한 경기 조율에는 큰 키 이상으로 드리블과 패스 같은 기본 기술의 정확성 등이 요구됩니다. 여기에 설령 빨리 달리고 높이 점프하는 등의 운동 능력은 뛰어나지 않다 해도 지능적인 플레이로 이를 보완할 수 있습니다.

뛰어난 선수, 승리에 공헌할 수 있는 선수에는 다양한 유형이 있습니다. 노력 여하에 따라서는 누구나 그런 선수가 될 수 있는 가능성이 있는 것입니다. 그것이 바로 농구가 많은 사람들을 매료시키는 매력 중 하나일 것입니다.

Message by Shuji ONO

선수에게 요구되는 것
To Be A Good Player

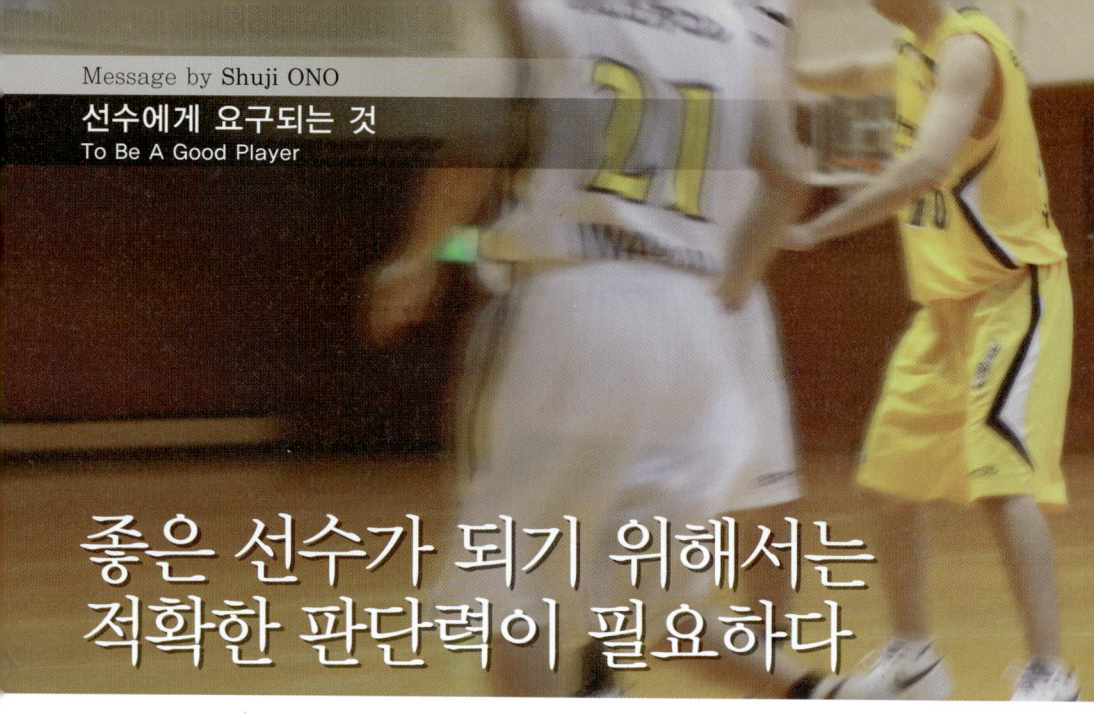

좋은 선수가 되기 위해서는 적확한 판단력이 필요하다

공을 가지고 있는 시간은 많지 않다

일본 국내의 농구 경기는 일반적으로 40분 동안 10분 4쿼터 제도로 펼쳐집니다. 연령대에 따라 경기 시간이 다를 경우는 있지만, 코트에서 뛸 수 있는 인원은 한 팀당 5명으로 모두 같습니다. 즉 코트 위에는 선수 10명이 뛰게 됩니다. 40분을 10명으로 나누면 '4분'이라는 숫자가 나옵니다. 이것은 선수 한 명이 공을 만지는 시간은 실제로 느끼는 것보다 길지 않다는 것을 의미합니다. 교대로 인해 경기에 나오지 못하는 시간, 공을 누구도 갖고 있지 않은 시간 등도 고려하면 실제로 공을 가지고 있는 시간은 더욱 짧아집니다.

그런 만큼 공을 다루는 기본 기술을 철저하게 갖춰 놓아야 합니다. 어려운 플레이를 보여준 다고 승리할 수 있는 것은 아닙니다. 단순한 실수를 없애고 기본 플레이를 충실히 할 수 있는 선수가 팀을 승리로 이끄는 것입니다.

공을 가지고 있지 않을 때도 집중하자

선수 한 명이 공을 만지는 시간이 단순 계산으로 '4분'이라는 말은 공을 가지고 있지 않은 시간이 훨씬 더 길다는 의미입니다. 그렇게 생각하면 공을 가지고 있지 않을 때 어떻게 움직이느냐가 매우 중요하다는 사실을 이해할 수 있을 것입니다. '공을 가지고 있는 선수가 플레이하기 쉽도록 주위에서 움직인다.', '공을 가지고 있는 선수가 슛을 할 수 없을 경우를 대비해 미리 움직인다.' 이러한 움직임이 필요하다는 말입니다. 그러나 그

렇다고 해서 그저 움직이기만 하면 된다는 뜻은 아닙니다. 때로는 '움직임을 멈추고 상황을 지켜본다.', 그리고 '필요할 때 움직이기 시작한다.'라는 의식이 플레이의 정교함을 높여 줍니다. 그러므로 공을 가지고 있지 않은 선수도 각자가 자신의 역할을 이해해야 합니다. 공격을 할 때도 자신이 공을 가지고 있지 않으면 자기도 모르게 마음이 느슨해지기 쉬운데, 그래서는 팀플레이를 통해 득점을 할 수가 없습니다. 공을 가지고 있지 않을 때도 집중하며 전원이 공격에 가담하도록 해야 합니다. 그런 한 사람 한 사람의 생각이 강한 팀을 만드는 토대가 되는 것입니다.

상황을 잘 보면서 적절한 플레이를 판단한다

선수에게는 상황에 따른 플레이를 적확히 판단하는 힘도 요구됩니다. '적극적으로 슛을 노릴 것인가?', '과감한 드리블로 상대방을 제칠 것인가?', '냉정하게 패스를 돌려 공격을 전개할 것인가?'…. 주위를 보지 않고 혼자서 슛을 하기만 한다면 팀으로서 기능을 하지 못합니다. 또 한 선수가 혼자서 계속 드리블만 한다면 패스를 받으려고 기다리는 선수들의 불만이 쌓입니다. 그렇다고 해서 슛을 할 생각은 안 하고 계속 패스만 한다면 수비에게 공격을 저지당하고 맙니다. 그러므로 좋은 선수가 되기 위해서는 상황을 잘 보면서 어떤 플레이를 선택해야 할지 판단하는 '냉정한 판단력'을 갖춰야 합니다.

Message by Shuji ONO
더 강한 팀이 되기 위해
To Win At The Game

'높이'에 대항하기 위해서는 '공간'을 의식한다

전원이 같은 기본 플레이를

더욱 수준 높은 팀을 만들고자 한다면 선수 한 사람 한 사람이 각자의 역할을 다해야 합니다. 이것은 코트 위에서 경기를 조율하는 가드, 공격의 돌파구를 여는 포워드, 골밑을 지배하는 센터와 같이 포지션을 나타내는 용어로 치환할 수도 있습니다.

그러나 평소 연습을 할 때는 지나치게 포지션을 의식하지 않는 편이 낫다는 생각도 필요합니다. 가령 중학생 선수의 경우는 고등학교나 그 뒤에도 계속 같은 역할만을 맡는다는 보장이 없기 때문입니다. 센터였던 선수가 가드나 포워드로 전향하는 경우도 있는가 하면, 가드였던 선수가 포워드나 센터의 역할을 맡을 때도 있습니다. 따라서 전원이 똑같은 기본 플레이를 익힐 필요가 있는 것입니다. 넓은 시야에서 보면 그와 같은 강화 훈련 속에서 세계무대를 이끌 훌륭한 선수가 태어날 것이라고 저는 생각합니다.

경기에 나가지 않더라도 함께 싸운다

경기에서는 코트 위의 5명이 팀을 대표해 플레이합니다. 하지만 그 5명이 뛰어나다고 해서 그것만으로 좋은 팀이라고 할 수는 없습니다. 식스맨으로 출장하는 선수를 비롯한 벤치 멤버 그리고 벤치에도 들어가지 못하고 응원석에서 목이 터져라 응원하는 팀 동료를 포함해 전원이 하나가 되지 않는다면 그 팀은 결코 좋은 팀이라고 할 수 없습니다.

농구팀에는 각 연습의 시간을 재는 역할이나

바닥에 땀이 떨어지면 대걸레로 닦는 역할, 어떤 문제가 생겼을 때 상담을 해 주는 역할 등 다양한 역할이 필요합니다. 그리고 그와 같은 존재가 있을 때 비로소 연습의 효과가 높아지며 경기 결과로도 이어집니다. 선수도 지도자도 평소 연습할 때부터 주력 멤버를 도와주는 팀 동료를 소중하게 생각해야 합니다.

일본 농구계의 또 하나의 키워드

현재 일본의 농구는 2미터가 넘는 장신의 선수들이 여러 가지 기술을 익혀 세계 수준에 다다를 기세로 성장하고 있습니다. 그 '높이'가 절대적인 조건은 아니지만 농구라는 스포츠를 상징하는 하나의 키워드임에는 틀림없습니다.

농구에는 그런 '높이'와 함께 또 다른 중요한 키워드가 있습니다. 바로 '공간'입니다. 신장이라는 측면에서 아무래도 열세일 수밖에 없는 일본 선수들이 팀을 이루어 세계와 싸울 때의 중요한 열쇠는 빠른 달리기와 빠른 움직임, 빠른 전개입니다. 그리고 이처럼 속도를 살린 농구를 원활하게 전개하기 위한 메인 테마가 바로 '공간'입니다. 무엇보다 중요한 것은 '비어 있는 공간을 스스로 만들어 얼마나 효율적으로 활용하는가'입니다. 높이가 있는 상대를 '공간'을 활용하며 제압한다. 실제로 농구 경기에서는 그와 같은 상쾌한 장면을 자주 볼 수 있습니다. 지도자 여러분도 항상 이 '공간'을 생각하며 팀의 실력을 향상시키시기 바랍니다.

Message by Kim Dong Kwang
감수자 글

농구의 기본을 체계적으로
다룬 학습 지침서

이번에 발간하는 'New 농구교본'은 슛, 드리블, 패스, 수비, 리바운드, 1 대 1 개인기, 연계 플레이, 팀 공격 및 수비, 기초 체력 향상 등 가장 기초적인 워밍업 방법부터 슈팅 기술 등의 기본기 그리고 더 나아가 득점 기회를 만드는 팀 공격 전술 등 고차원적인 내용까지 망라한 그야말로 농구의 모든 것을 담은 지침서이다.

특히 주목할 부분은 이 책이 소개하는 기술과 관련된 모든 동작을 사진으로 삽입함과 동시에, 명쾌하고 상세한 용어 해설을 덧붙여 농구에 입문하는 초보자들이 기술을 빠르고 쉽게 이해할 수 있도록 돕는다는 점이다.

이러한 의미에서 'New 농구교본'은 농구의 여러 기초 기술과 팀플레이 등 현대 농구가 필요로 하는 기본기에 바탕을 둔 사항은 물론, 트레이닝 방법까지 친절하게 다룬 체계적이고 소중한 농구 지침서라 할 수 있겠다.

아울러 농구를 처음 접하는 사람뿐 아니라 일선 학교에서 교육하는 지도자 및 여러 분야의 농구 관계자들에게도 농구의 기본을 다시 한 번 정립하고 탐구할 수 있는 훌륭한 지침서로서 본 농구 교본을 추천해 마지 않는다.

KBL 경기이사 김 동 광

목차

농구의 매력 4
선수에게 요구되는 것 6
더 강한 팀이 되기 위해 8
감수자 글 10
목차 12
이 책을 보는 법, 활용하는 법 18

서장 연습 메뉴를 짜는 법 21

연습의 기본적인 사고방식과 지도자에게 필요한 것 22
연습 메뉴를 짜는 법 24

제1장 슛 27

기본자세 28
세트슛 30
점프슛 32
메뉴001 수직 위를 향해 슛 34
메뉴002 누워서 슛 34
메뉴003 골밑슛 35
메뉴004 미들슛 35
메뉴005 프리스로 36

메뉴006 점프슛 37
메뉴007 스트라이드 스톱 38
메뉴008 점프 스톱 39
메뉴009 셀프 미트 & 슛 40
메뉴010 리바운드 & 슛 41
메뉴011 미트 & 슛 41
메뉴012 V컷 42
메뉴013 플레어 컷 42
메뉴014 L컷 43
메뉴015 컬 컷 43

레이업슛 44
오버헤드슛 46
백슛 ① 48
백슛 ② 49
메뉴016 왼쪽에서 패스를 받아 슛 .. 50
메뉴017 오른쪽에서 패스를 받아 슛 .. 50
메뉴018 정면에서 드리블 후 슛 ... 51
메뉴019 코너에서 드리블 후 슛 ... 51

포스트업 후 터닝슛 52
포스트업 후 훅슛 54
메뉴020 연속 골밑슛 56
메뉴021 골 밑에서 백슛 56
메뉴022 골 밑에서 훅슛 57
메뉴023 슛이 빗나가면 재빨리 리바운드 .. 57

| 메뉴024 | 공을 주워 슛 58
| 메뉴025 | 파워 드리블 후 슛 59

체스트슛 60

제2장 드리블 63

볼핸들링 64
| 메뉴026 | 허리 주위로 공 돌리기 66
| 메뉴027 | 얼굴 주위로 공 돌리기 66
| 메뉴028 | 손가락으로 공 튕겨 올리기 67
| 메뉴029 | 몸 쪽으로 공 끌어당기기 67
| 메뉴030 | 앞뒤로 공 잡기 68
| 메뉴031 | 다리 사이로 양손 교차해 공 잡기 .. 68
| 메뉴032 | '8'자로 공 옮기기 69
| 메뉴033 | '8'자로 드리블하기 69
| 메뉴034 | 앞에서 양손으로 튕기고 뒤에서 잡기 ... 70
| 메뉴035 | 앞에서 공 던져 뒤에서 잡기 70
| 메뉴036 | 앞뒤로 다리 벌려 공 튕기기 71
| 메뉴037 | 한쪽 무릎 사이로 공 통과시키기 .. 71
| 메뉴038 | 다리 벌리고 앉아 공 돌리기 72
| 메뉴039 | 교대로 다리 들면서 공 튕기기 72
| 메뉴040 | 손가락 끝으로 공 돌리기 73
| 메뉴041 | 손으로 공 돌리기 73

투 볼 볼핸들링 74
| 메뉴042 | 양쪽 공을 동시에 튕기며 전진하기 .. 76
| 메뉴043 | 양쪽 공을 번갈아 튕기며 전진하기 . 76
| 메뉴044 | 양쪽 공을 서로 다른 리듬으로 드리블하며 전진하기 77
| 메뉴045 | 양쪽 공을 동시에 튕기며 턴하기 .. 77

드리블의 기본자세 78
| 메뉴046 | 프런트 체인지 80
| 메뉴047 | 인사이드 아웃 81
| 메뉴048 | 턴 어라운드 82
| 메뉴049 | 레그스루 83
| 메뉴050 | 비하인드 백드리블 84
| 메뉴051 | 체인지 오브 페이스 85
| 메뉴052 | 지그재그로 드리블 후 슛 86
| 메뉴053 | 45도 위치의 고깔을 통과해 슛 87
| 메뉴054 | 올코트에서의 1 대 1 88
| 메뉴055 | 1 대 2 89
| 메뉴056 | 서클 드릴 90

목차

제3장 패스 ... 91

체스트 패스 ... 92
원 핸드 패스 ... 94
베이스볼 패스 ... 95
바운스 패스 ... 96

- 메뉴057 거리를 벌려 가는 2인 패스 ... 98
- 메뉴058 패스한 방향으로 달리는 2인 패스 ... 99
- 메뉴059 뒤로 달렸다가 돌아오는 2인 패스 ... 99
- 메뉴060 공 2개로 2인 패스 ① ... 100
- 메뉴061 공 2개로 2인 패스 ② ... 101
- 메뉴062 2 대 1 패스 ... 102
- 메뉴063 삼각패스 ... 103
- 메뉴064 역방향 삼각패스 ... 103
- 메뉴065 미시간 패스 ... 104
- 메뉴066 4코너 패스 ... 105
- 메뉴067 4코너 패스(클로즈아웃) ... 105
- 메뉴068 사각 패스 ... 106
- 메뉴069 5 대 4 패스 ... 106
- 메뉴070 2선 패스 ... 107
- 메뉴071 3선 패스 ... 107
- 메뉴072 3인 크로스패스 ... 108

제4장 수비 ... 109

수비의 기본자세 ... 110

- 메뉴073 빅 스텝 ... 112
- 메뉴074 크로스 스텝 ... 113
- 메뉴075 런 슬라이드 런 ... 114
- 메뉴076 볼 체크(1 대 1) ... 115
- 메뉴077 서클 드릴 ... 116
- 메뉴078 슛, 패스, 드리블에 대한 대응 ... 117
- 메뉴079 시그널 디펜스 ... 118
- 메뉴080 루즈볼에서의 1 대 1 ... 119
- 메뉴081 공을 굴려서 클로즈 아웃 ... 120
- 메뉴082 윙으로의 패스에 대한 클로즈 아웃 ... 121
- 메뉴083 드리블에서 시작되는 클로즈 아웃 .. 121

디나이 ... 122

- 메뉴084 공격수의 움직임에 대한 디나이 . 124
- 메뉴085 공의 위치에 맞춘 포스트 디나이 . 125
- 메뉴086 포스트 수비 ... 126

제5장 리바운드 127

블록 아웃 128
투 핸드 리바운드 130
원 핸드 리바운드 132

- 메뉴087 머리 위로 공 던지고 다시 잡기 134
- 메뉴088 등이나 어깨로 서로 밀기 134
- 메뉴089 공중에서 공 뺏기 135
- 메뉴090 서클 블록 아웃 136
- 메뉴091 슈터에 대한 블록 아웃 137
- 메뉴092 탭 138
- 메뉴093 정글 드릴 139
- 메뉴094 2 대 2의 블록 아웃 139
- 메뉴095 백보드 & 링 터치 140

제6장 개인기를 연마하는 1 대 1. 141

팝 아웃 142

- 메뉴096 기본자세에서 공 움직이기 144
- 메뉴097 피벗풋 145
- 메뉴098 캐치 & 슛 146
- 메뉴099 캐치 & 드라이브 147
- 메뉴100 스텝백 148
- 메뉴101 훼이크 & 고 149
- 메뉴102 리버스 피벗 150

- 메뉴103 잽스텝 151

인사이드의 1 대 1 공방 152

- 메뉴104 파워 드리블 & 훅슛 154
- 메뉴105 리버스턴 후 다음 슛 155
- 메뉴106 크로스 스크린에서의 1 대 1 156

제7장 연계 플레이 157

2 대 2 플레이 158

- 메뉴107 볼사이드컷 160
- 메뉴108 블라인드컷 161
- 메뉴109 윙끼리의 연계 플레이 162
- 메뉴110 윙과 포스트맨의 2 대 2 163
- 메뉴111 인사이드 아웃 164
- 메뉴112 포스트맨의 스페이싱 165
- 메뉴113 하이 & 로 166
- 메뉴114 파워 드리블 & 세트 플레이 167

스크린플레이 168

- 메뉴115 픽스크린 170
- 메뉴116 픽 & 롤 171
- 메뉴117 픽 & 팝 172
- 메뉴118 리픽 173
- 메뉴119 픽을 역이용한 드라이브인 174

메뉴120	슬립	175
메뉴121	어라운드 플레이	176
메뉴122	어라운드 플레이에서 드라이브인	177
메뉴123	다운스크린	178
메뉴124	백스크린	179
메뉴125	사이드 스크린	180

제8장 팀 공격 ... 181

속공을 할 때 다섯 명의 역할 ... 182
메뉴126	속공 시의 2 대 1	184
메뉴127	3인 속공	185
메뉴128	3선 속공	186
메뉴129	3인 패스에서 2 대 1로 연결	187
메뉴130	2인 속공 ①	188
메뉴131	2인 속공 ②	189
메뉴132	3 대 2 속공 ①	190
메뉴133	3 대 3 속공	190
메뉴134	3 대 2 속공 ②	191

팀 공격의 기본 ... 192
메뉴135	패스 & 컷	194
메뉴136	패스 & 컷 그리고 백도어 플레이	195
메뉴137	패스 & 스크린	196
메뉴138	다섯 명이 실시하는 패스 & 스크린	196
메뉴139	UCLA컷	197
메뉴140	백도어 플레이	198

제9장 팀 수비 ... 199

팀 수비의 개념 ... 200
메뉴141	도움 수비	202
메뉴142	수비 로테이션	203
메뉴143	보디 체크	204
메뉴144	디펜스 리커버리	205
메뉴145	스크린에 대한 수비	206
메뉴146	파이트오버	207
메뉴147	쇼 & 리커버리	208
메뉴148	트랩	209
메뉴149	4 대 4 팀 수비	210
메뉴150	4 대 3 팀 수비	210
메뉴151	2–3 지역 방어	211
메뉴152	3–2 지역 방어	211
메뉴153	존 프레스	212

| 제10장 | 기초 체력 향상 | 213 |

	체력 트레이닝의 개념	214
메뉴154	넓적다리 뒤쪽 스트레칭 ①	216
메뉴155	넓적다리 뒤쪽 스트레칭 ②	216
메뉴156	둔부 스트레칭 ①	217
메뉴157	둔부 스트레칭 ②	217
메뉴158	둔부 스트레칭 ③	218
메뉴159	넓적다리 앞쪽 스트레칭	218
메뉴160	넓적다리 안쪽 스트레칭	219
메뉴161	장딴지 스트레칭	219
메뉴162	런지 워크	220
메뉴163	스모 워크	220
메뉴164	파워 스킵	221
메뉴165	백킥	221
메뉴166	힙 로테이션	222
메뉴167	카리오카	222
메뉴168	레그 스윙(프런트)	223
메뉴169	레그 스윙(사이드)	223
메뉴170	하이니	224
메뉴171	슬라롬	224
메뉴172	백런-대시	225
메뉴173	20미터 어질리티	225
메뉴174	페인트 어질리티	226
메뉴175	스텝	226
메뉴176	스쿼트	227
메뉴177	브리지	227
메뉴178	푸시업	228
메뉴179	페어 로잉	228
메뉴180	체간 스태빌리티(4지점)	229
메뉴181	체간 스태빌리티(사이드)	229
메뉴182	체간 스태빌리티(한발 브리지)	230
메뉴183	싯업	230
메뉴184	트위스팅 싯업	231
메뉴185	투 터치	231
메뉴186	골반 들기	232
메뉴187	레그 사이클	232
메뉴188	싯업 오버헤드스로	233
메뉴189	싯업 체스트스로	233
메뉴190	밸런스 원핸드 캐치 & 스로	234
메뉴191	로키 푸시업	234
메뉴192	백 아치	235
메뉴193	암 & 레그 익스텐션	235
메뉴194	줄넘기	236
메뉴195	턱점프	236
메뉴196	바운딩	237
메뉴197	사이드킥	237
메뉴198	베이스 러닝	238
메뉴199	왕복 러닝 ①	238
메뉴200	왕복 러닝 ②	239
메뉴201	왕복 러닝 ③	239

이 책을 보는 법, 활용하는 법

이 책을 보기 전에 먼저 읽어 보기 바란다. 모든 연습은 먼저 천천히 그리고 정확하게 하는 것이 중요하다. 정확하게 할 수 있게 되면 경기를 상상하며 속도를 높여 나가자.

●이 책의 구성

각 장은 주로 아래의 두 가지 요소로 나뉜다.

기술 해설

그 장에서 몸에 익혀야 할 기본적인 기술 또는 이론을 소개한다. 어떤 목적으로 하는 플레이인지, 어떻게 움직이는지를 이해해 두자. 또한 사진 안의 화살표는 사람의 움직임을 나타낼 때는 실선, 공의 움직임을 나타낼 때는 점선으로 표시했다.

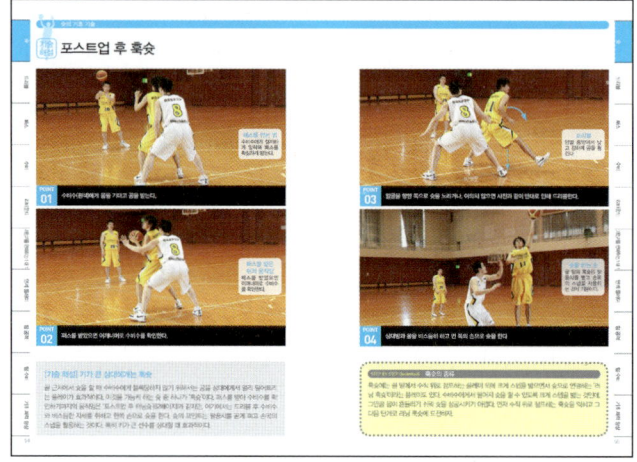

연습 메뉴

경기에서 필요한 테크닉을 익히기 위한 연습 메뉴. 사진이나 그림으로 움직임을 알기 쉽게 소개했다. 여기에서 소개한 대로만 플레이하지 말고 움직이기 시작하는 위치를 바꾸거나 참가 인원을 늘리는 등 자신의 팀에 맞게 변형시켜도 좋을 것이다.

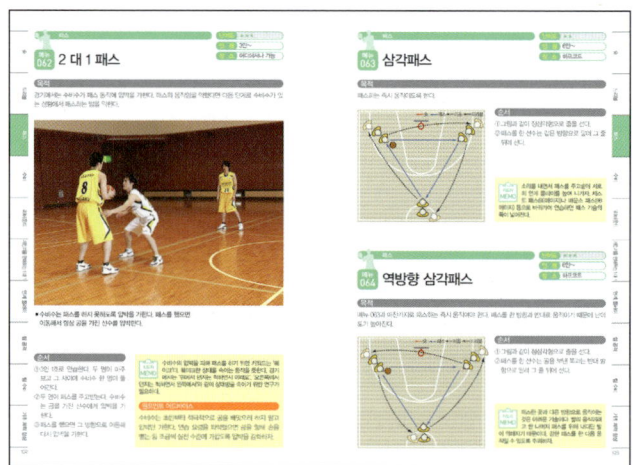

● 연습 메뉴 페이지를 보는 법

각 메뉴를 순서와 시각 자료를 이용해 알기 쉽게 설명했다.

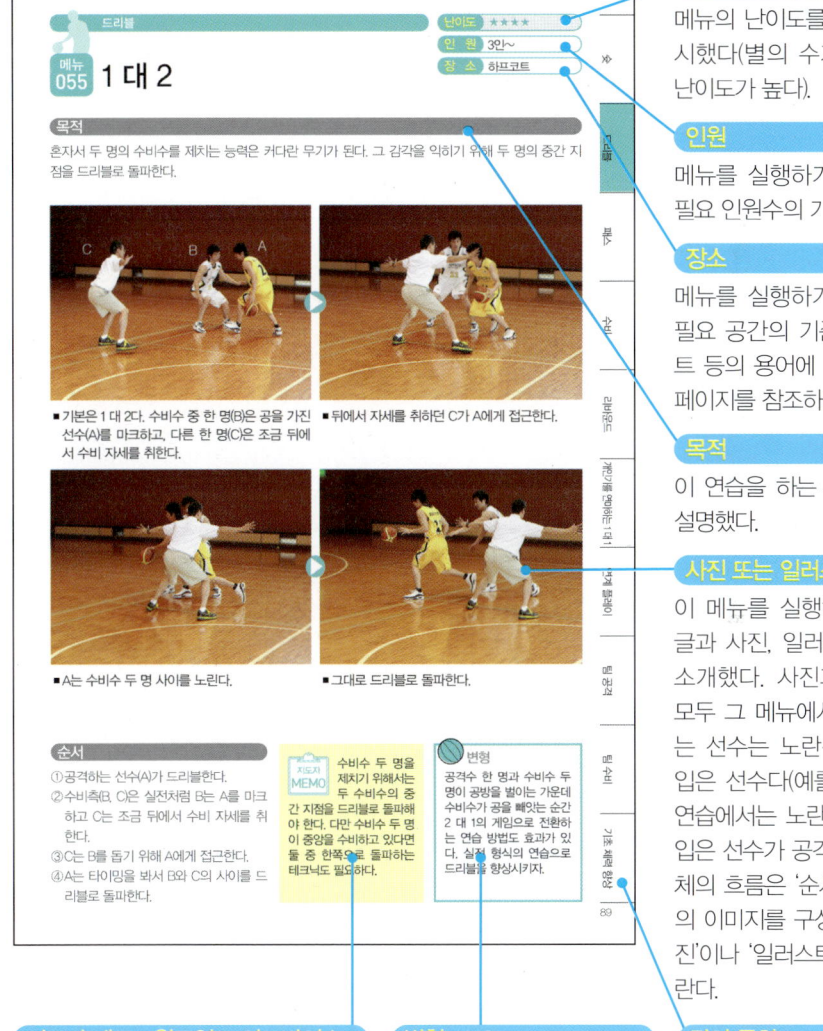

난이도
메뉴의 난이도를 5단계로 표시했다(별의 수가 많을수록 난이도가 높다).

인원
메뉴를 실행하기 위한 최소 필요 인원수의 기준이다.

장소
메뉴를 실행하기 위한 최소 필요 공간의 기준이다. 올코트 등의 용어에 대해서는 20페이지를 참조하기 바란다.

목적
이 연습을 하는 주된 목적을 설명했다.

사진 또는 일러스트와 순서
이 메뉴를 실행하는 방법을 글과 사진, 일러스트 등으로 소개했다. 사진과 일러스트 모두 그 메뉴에서 주체가 되는 선수는 노란색 유니폼을 입은 선수다(예를 들어 공격 연습에서는 노란색 유니폼을 입은 선수가 공격을 한다). 전체의 흐름은 '순서'를, 움직임의 이미지를 구성할 때는 '사진'이나 '일러스트'를 보기 바란다.

지도자 메모 · 원포인트 어드바이스
지도자 메모에는 이 메뉴의 보충 설명이나 주의해야 할 점을, 원포인트 어드바이스에는 이 메뉴를 실시할 때 플러스 알파가 되는 요소를 정리했다.

변형 · NG
변형에는 여기에서 발전된 연습 방법을, NG에는 하지 말아야 할 행동을 소개했다.

간이 목차
연습 메뉴의 색인으로 이용하기 바란다.

19

Column About the Basketball

용어 해설①

코트에 관한 용어

농구에서는 코트 안의 지역을 다음과 같이 표현한다. 각 메뉴 오른쪽 위에 있는 '장소'에 대해서는 이 페이지를 참고하기 바란다.

베이스 라인
코트를 구분하는 골 뒤쪽에 있는 라인. 엔드 라인이라고도 부른다.

제한 구역
골 주변에 설정된 구역. 코트 안의 다른 구역과는 다른 색으로 칠해져 있을 경우가 있어 페인트 에어리어라고도 부른다. 공격 측의 선수는 이 구역 안에 3초 이상 머무를 수 없다.

올코트
코트 전체를 가리킨다.

하프코트
코트의 절반을 가리킨다.

미들 레인지
제한 구역부터 3점 라인의 안쪽

자유투 라인
엔드 라인으로부터의 거리는 5.8미터. 파울로 방해를 당했을 경우 등에 주어지는 '자유투'를 할 때는 이 라인에서 던진다.

3점 라인
보통은 인플레이 상태에서 골이 들어가면 2점이지만 이 라인보다 바깥쪽에서 던진 슛이 들어가면 3점이 된다.

사이드 라인
코트를 구분하는 양 사이드의 라인

센터 서클
코트 중앙에 있는 원. 각 팀의 선수 한 명이 이 원 안에 들어간 상태에서 주심의 토스업으로 경기가 시작된다.

센터 라인
코트의 중앙에 그려진 라인

톱
골 정면에 가까운 3점 라인 부근 지역

하이 포스트
제한 구역 라인 부근, 자유투 라인 근처 지역

가드 포지션
골 정면에서 조금 벗어난 3점 라인 부근 지역. 가드(62페이지)가 두 명 있을 경우 자주 사용되기 때문에 투 가드 포지션이라고도 한다.

미들 포스트
제한 구역 라인 부근, 하이 포스트와 로 포스트의 중간 지역

로 포스트
제한 구역 라인 부근, 골(베이스 라인)에 가까운 지역

윙
골에서 45도 각도의 3점 라인 부근 지역

서장

연습 메뉴를 짜는 법

Practice Drills

연습 메뉴를 짜는 것은 지도자의 중요한 임무 중 하나다.
자신의 팀에 필요하다고 생각되는 요소를 파악해 수준에 맞는 연습 메뉴를 짜자.

연습 메뉴를 짜는 법 ①

연습의 기본적인 사고방식과
지도자에게 필요한 것

POINT 01 경기 중 어떤 상황에 필요한 연습인지 확실하게 인식할 것

연습을 할 때 가장 중요한 요소는 경기를 의식하는 것이다. 그저 막연히 장시간에 걸쳐 연습하기만 해서는 효율이 오르지 않는 법이다. 그렇다고 해서 무조건 경기에 가까운 형태의 연습을 많이 하는 편이 좋다는 이야기도 아니다. 연습이 실전에서 활용되도록 경기 중 어떤 상황에 필요한 연습인지를 확실하게 인지하고 이해하는 것이 핵심이다.

농구는 네트를 사이에 두고 벌이는 경기와는 달리 상대와 접촉하는 스포츠다. 그와 같은 경기의 성격상 경기 중 완전히 똑같은 장면이 반복되는 일은 거의 없다. 그러므로 지도자는 선수들이 유사한 상황에 대응할 수 있도록 준비시키는 자세가 필요하다.

POINT 02 맡은 역할을 수행할 수 있게 하는 가운데 기본 연습도 잊지 않는다

선수에게는 각자 팀 내에서 맡은 역할이 있기 마련이다. 그리고 주어진 임무를 확실하게 수행하기 위해 선수는 자신의 포지션에 필요한 기술을 갈고 닦는 연습을 해야 한다.

하지만 포지션에 특화된 연습만 해서는 플레이의 폭이 넓어지지 않는다. 예전에는 장신의 선수가 골과 가까운 위치에서 플레이하기만 해도 됐지만, 현재는 골에서 멀리 떨어진 위치에서 플레이하는 기술과 각력도 필요로 하게 되었다.

어려워 보이지만, 결국 핵심은 균형이다. 포지션에 특화된 연습을 하면서 다른 포지션에도 필요한 기본 기술을 익히도록 하자. 지도자에게는 이를 위한 연구가 필요하다.

POINT 03 선수가 적극적으로 몰두할 수 있도록 지도한다

어떤 자세로 선수를 지도할 지는 사람마다 각자 여러 가지 생각이 있을 것이다. 그러나 "이렇게 해라.", "저렇게 해라."라고 선수의 움직임을 제한하거나 지도자의 생각을 강요하는 것은 그다지 바람직하지 못하다. 그보다는 "이것만큼은 꼭 해야 한다.", "나머지는 스스로 생각해서 판단하도록."과 같은 자세로 연습이나 경기에 적극적으로 몰두할 수 있도록 유도해 보면 어떨까? 그러면 선수는 스스로 목적의식을 가지게 되며, 이것이 더욱 빠른 실력 향상으로 이어지게 된다.

또한 선수에게 '성공 체험을 시킨다.'는 것도 중요하다. 사람은 누구나 무엇인가에 성공하면 기쁨을 느낀다. 선수가 벽에 부딪힌 것 같으면 좀 더 간단한 과제를 주고, 그것을 달성하면 확실하게 칭찬해 준다. 그러면 선수의 의욕이 높아져 전에 넘지 못했던 벽을 넘을 수 있게 될 것이다.

POINT 04 목적을 명확히 하고 그에 맞는 연습을 한다

운동선수의 지표로서 자주 사용되는 말로 '심기체(心技體)'가 있다. 농구도 선수 한 명 한 명의 정신적인 힘과 기술적인 힘, 그리고 체력을 충실히 갖추도록 하는 것이 중요하다. 이때 주의해야 할 점이 있는데, 그 연습이 심기체 중 무엇을 높이는 연습인지 명확히 하는 것이다. 같은 연습이라도 시간 설정 등에 따라 그 목적이 크게 달라지기도 한다. 예를 들어 슛 자세를 익히는 단계에서 슛 동작으로 빠르게 들어갈 것을 요구한다면 안정된 슛 자세를 익히기는커녕 빠르기만 한 엉성한 자세가 되어 버릴지도 모른다. 정확한 슛 자세를 익히는 단계라면 슛 하나 하나의 시간을 여유 있게 설정한다. 그리고 자세를 몸에 익히면 속도를 높이고, 나아가 경기 상황에 맞춘 연습으로 발전시켜 나간다. 그와 같이 연습의 목적을 명확히 하고 연습 방법을 궁리하는 것이 지도자가 해야 할 일이다.

연습 메뉴를 짜는 법 ②

연습 메뉴를 짜는 법

> **POINT** 실전이라 생각하면서 팀의 수준에 맞춰 연습 메뉴를 짠다

연습에는 크게 나눠 개개인의 능력을 높이는 연습과 팀의 능력을 높이는 연습이 있다. 각 선수는 먼저 슛과 드리블, 패스 같은 기본 플레이를 몸에 익혀야 한다. 그리고 다음에는 그것을 팀플레이로서 발휘할 수 있도록 연습을 거듭한다.

이와 같은 개인 연습과 팀 연습 모두 처음에는 상대를 두지 않고 실시하면서 기본적인 포인트를 파악하는 단계부터 시작하는 것이 좋을 것이다. 다음에는 상대를 두지만 필요 이상으로 적극적인 관여는 하지 않는 형태로 그 기술의 습득을 진행한다. 그리고 마지막으로 상대도 경기를 한다는 생각으로 대응함으로써 그 기술을 실전에서 사용할 수 있도록 완성시키는 순서를 밟는 것이 기본적인 훈련 방식이다.

또 공격의 기본 기술을 익히는 한편 수비 연습에도 눈을 돌려야 한다. 수비도 공격과 마찬가지로 상대가 없는 상태에서 기본자세를 익힌 다음 상대를 두고 실전에 가깝도록 진행하는 것이 중요하다.

앞 페이지에서 말했듯이 연습은 경기의 어떤 상황에서 필요한 것인지를 의식하며 실시해야 한다. 설령 개인 연습이라 해도 그것을 의식한 상태에서 균형을 잡으며 팀의 수준에 맞춰 연습 메뉴를 짜도록 하자.

공격 or 수비

- **공격 연습**
자신의 팀이 득점을 얻기 위한 연습.

- **수비 연습**
상대 팀의 득점을 저지하기 위한 연습.

개인 or 팀

- **개인 연습**
슛, 드리블, 패스 같은 개인 기술을 갈고닦는 연습. 개인 기술을 정확하게 구사하지 못하면 팀에 공헌할 수 없다.

- **팀 연습**
팀 전체의 공격, 동료와 협력하는 수비 등 팀의 능력을 높이는 연습. 개인 기술의 연습과 동시에 진행하도록 하자.

상대의 유무

- **상대를 두지 않는 연습**
테크닉을 도입하는 단계로서, 움직이는 법 등을 몸에 익히기 위해 실시한다.

- **상대를 둔 연습**
상대를 두지 않는 연습의 다음 단계로서 실시한다. 상대는 필요 이상으로 관여하지 않는다.

- **실전 형식의 연습**
경기와 같은 수준으로 공격, 수비하며 양쪽 모두 전력을 다한다.

Case1 기본 기술의 습득이 주된 목적

※아래의 연습은 어디까지나 예시일 뿐이다. 실제로는 팀의 수준이나 환경에 맞춰 짜기 바란다.

주제	목적	시간	구체적인메뉴	메모
워밍업	부상 방지를 위해 러닝이나 스트레칭을 하면서 몸을 덥힌다. 기초 체력을 높이는 역할도 겸한다	약 20분	러닝/약 5분	
			펴고 굽히기나 손목 돌리기 등 간단한 메뉴를 포함한 각종 스트레칭 메뉴/약 5분	메뉴154~175(216~226페이지)를 참고한다
			대시 등/약 10분	메뉴198~201(238~239페이지)을 참고한다
수비 개인 연습 스텝	각종 스텝을 연습해 수비의 기초적인 기술을 몸에 익힌다	약 10분	빅 스텝 메뉴073(112페이지)	워밍업의 의미도 겸한다
			크로스 스텝 메뉴074(113페이지)	
			볼 체크 메뉴076(115페이지)	
공격 개인 연습 드리블	기본적인 드리블 방법을 몸에 익힌다	약 10분	프런트 체인지 메뉴046(80페이지)	구체적인 기술을 몸에 익히기 위한 전 단계로서 메뉴026~041(66~73페이지)의 볼 핸들링을 실시하는 것도 좋다
			인사이드 아웃 메뉴047(81페이지)	
			올코트에서의 1 대 1 메뉴054(88페이지)	
공격 개인 연습 패스	기본적인 패스 방법과 패스를 하기 전후의 움직임을 몸에 익힌다	약 10분	패스한 방향으로 달리는 2인 패스 메뉴058(99페이지)	정확한 패스를 하지 못한다면 가장 기본적인 그 자리에서 2인 패스하기를 실시하는 것도 좋다
			뒤로 달렸다가 돌아오는 2인 패스 메뉴059(99페이지)	
			삼각 패스 메뉴063(103페이지)	
공격 개인 연습 슛	기본적인 슛 방법을 몸에 익힌다	약 10분	왼쪽에서 패스를 받아 슛 메뉴016(50페이지)	슛 자세가 고정되어 있지 않으면 메뉴001~006(34~37페이지)와 같이 혼자서 할 수 있는 초보적인 메뉴를 넣어도 좋다
			오른쪽에서 패스를 받아 슛 메뉴017(50페이지)	
			미트&슛 메뉴011(41페이지)	
수비 개인연습	공격에 대한 수비 방법을 익힌다	약 15분	루즈볼에서의 1대1 메뉴080(119페이지)	공 보유자에 대한 수비부터 패스를 통과시키지 않는 수비로 발전해 나간다
			공격수의 움직임에 대한 디나이 메뉴084(124페이지)	
			공의 위치에 맞춘 포스트 디나이 메뉴085(125페이지)	
공격 팀 연습 패스&슛	팀 동료와 협력해 좀 더 실전에 가까운 기본적인 공격 형태를 익힌다	약 15분	2선 패스 메뉴070(107페이지)	올코트에서 실시하기 때문에 지구력 향상으로도 이어진다
			3선 패스 메뉴071(107페이지)	
			3인 속공 메뉴127(185페이지)	
공격 팀 연습	공격이 수적으로 유리한 가운데 득점하는 방법을 몸에 익힌다	약 10분	3 대 2 속공② 메뉴134(191페이지)	기술적·체력적으로 어렵다면 하프코트의 3 대 2 등도 좋다
팀 내 연습 경기	실제 경기를 통해 그동안 몸에 익힌 테크닉을 활용한다. 동시에 지도자는 팀의 과제를 찾아낸다	약 20분	통상적인 경기와 마찬가지로 5 대 5 한 경기 5분×4세트	팀의 상황에 맞춰 멤버를 배분한다
쿨다운	다음날 피로를 남기지 않기 위해 실시한다	약 10분	조깅/약 5분	
			펴고 굽히기나 손목 돌리기 등 간단한 메뉴를 포함한 각종 스트레칭 메뉴/약 5분	메뉴154~175(216~226페이지)를 참고한다

☐ 상대를 두지 않은 연습 ■ 상대를 둔 연습 ■ 실전 형식의 연습

Case2 팀플레이를 좀 더 충실하게 다지고 싶다

※아래의 연습은 어디까지나 예시일 뿐이다. 실제로는 팀의 수준이나 환경에 맞춰 짜기 바란다.

주제	목적	시간	구체적인 메뉴	메모
워밍업	부상 방지를 위해 러닝이나 스트레칭을 하면서 몸을 덥힌다. 기초 체력을 높이는 역할도 겸한다	약 20분	러닝/약 5분	
			펴고 굽히기나 손목 돌리기 등 간단한 메뉴를 포함한 각종 스트레칭 메뉴/약 5분	메뉴154~175(216~226페이지)를 참고한다
			대시 등/약 10분	메뉴198~201(238~239페이지)을 참고한다
수비 개인 연습 스텝	각종 스텝을 확실히 몸에 익힌다	약 10분	빅 스텝 메뉴073(112페이지)	워밍업의 의미도 겸한다
			크로스 스텝 메뉴074(113페이지)	
			런 슬라이드 런 메뉴075(114페이지)	
공격 팀 연습 패스	기본적인 패스 방법과 패스를 하기 전후의 움직임을 몸에 익힌다	약 10분	4코너 패스 메뉴066(105페이지)	패스를 했으면 움직이는 습관을 철저히 들이자
			4코너 패스(클로즈아웃) 메뉴067(105페이지)	
			미시간 패스 메뉴065(104페이지)	
공격 개인 연습 드리블&슛	골 근처에서 드리블 후 슛을 확실히 성공시킬 수 있도록 한다	약 10분	지그재그로 드리블 후 슛 메뉴052(86페이지)	고깔을 사용하는 연습은 고깔의 위치를 바꾸기만 해도 여러 가지로 변형시킬 수 있다
			45도 위치의 고깔을 통과해 슛 메뉴053(87페이지)	
			1 대 2 메뉴055(89페이지)	
공격 팀 연습	공격이 수적으로 유리한 가운데 득점하는 방법을 몸에 익힌다	약 10분	3 대 2 속공② 메뉴134(191페이지)	종합적인 능력을 키우는 연습이기도 하다
			프리스로 메뉴005(36페이지)	성공한 선수부터 쉴 수 있게 하면 긴장한 상태에서 연습에 몰두할 수 있다
공격 팀 연습	팀 동료와 협력해 골로 연결시키는 움직임을 익힌다	약 20분	볼사이드컷 메뉴107(160페이지)	2 대 2의 공격 패턴의 습득이나 팀 전체 단위의 수비법 확인 등 그날의 주제를 명확히 정하고 반복해서 실시한다
			블라인드컷 메뉴108(161페이지)	
			패스&컷 메뉴135(194페이지)	
			패스&컷 그리고 백도어 플레이 메뉴136(195페이지)	
			패스&스크린 메뉴137(196페이지)	
수비 팀 연습	팀 전체가 수비할 때의 움직임을 완전하게 몸에 익힌다	약 10분	도움 수비 메뉴141(202페이지)	
			수비 로테이션 메뉴142(203페이지)	
수비 팀 연습	좀 더 실전에 가까운 형태로 수비 감각을 키운다	약 10분	4 대 4 팀 수비 메뉴149(210페이지)	공격 연습도 된다
팀 내 연습 경기	실제 경기를 통해 그동안 몸에 익힌 테크닉을 활용한다. 동시에 지도자는 팀의 과제를 찾아낸다	약 20분	통상적인 경기와 마찬가지로 5 대 5 한 경기 7분×3세트	팀의 상황에 맞춰 멤버를 배분한다
쿨다운	다음날 피로를 남기지 않기 위해 실시한다	약 10분	조깅/약 5분	
			펴고 굽히기나 손목 돌리기 등 간단한 메뉴를 포함한 각종 스트레칭 메뉴/약 5분	메뉴154~175(216~226페이지)를 참고한다

□ 상대를 두지 않은 연습　■ 상대를 둔 연습　■ 실전 형식의 연습

제 1 장

슛

Shoot

농구는 득점 기회가 많은 스포츠다. 슛을 할 기회가 많으며, 정확성이 승패를 크게 좌우한다. 실전에서 확실하게 슛을 성공시킬 수 있도록 철저하게 연습하자.

기본자세

얼굴
언제나 상황을 확인할 수 있도록 페이스업 한다(얼굴을 든다).

중심
양발 중앙에 중심을 두고 즉시 움직일 수 있도록 한다.

스탠스
너무 좁지도 넓지도 않게 어깨너비만큼 양발을 벌린다.

[기술 해설] 허리를 낮추고 얼굴을 든다.

공을 사용하는 훈련을 시작하기 전, 모든 플레이의 기본이 되는 기본자세를 먼저 몸에 익히자. 경기 도중 공을 가지고 있을 때는 열심히 움직이지만, 공을 가지고 있지 않을 때는 멍하니 있는 선수가 매우 많다. 그런 습관이 들면 중요한 순간에 '첫 번째 스텝'을 늦게 내디뎌 상대에게 선수를 빼앗기고 만다. 얼굴을 들고 발을 어깨너비 정도로 벌려 어떤 상황에서도 빠르게 대응할 수 있는 기본자세를 취하자.

POINT 01 무릎을 가볍게 굽히고 적당히 몸을 앞으로 기울인다. 등이 구부러지거나 너무 곧으면 안 된다.

등
등이 굽거나 너무 곧으면 안 된다.

양팔
언제 공이 오더라도 잡을 수 있도록 자연스러운 각도로 양 팔꿈치를 굽힌다.

무릎
즉시 움직일 수 있도록 양 무릎을 가볍게 굽힌다.

[해설] **무릎이 발끝보다 더 나오지 않도록 구부린다.**

이 자세는 공격을 할 때뿐만 아니라 수비의 기본자세(110페이지)로도 이어지는 매우 중요한 자세다. 즉시 움직일 수 있도록 중심을 낮추는 것이 기본인데, 이때 무릎을 필요 이상으로 굽히지 않도록 주의하자. 무릎이 발끝보다 앞으로 나오지 않아야 한다. 고관절이 굳어 있으면 이 자세를 취하기가 어려우므로 스트레칭 등을 통해 고관절의 가동역을 넓히자.

또 등이 굽었거나 지나치게 곧아서는 안 되므로 복근을 사용해 올바른 자세를 유지하자.

STEP BY STEP Basketball 공을 가지고 있을 때의 기본자세

공을 가슴 부근에서 잡는다.

공을 가지고 있을 때도 기본자세의 핵심은 똑같다. 바로 움직일 수 있도록 양발의 중앙에 중심을 두고 허리를 낮추며 가볍게 무릎을 굽힌다. 얼굴을 드는 것도 잊지 않는다. 또한 공은 언제든지 슛이나 패스로 연결할 수 있도록 가슴 부근에서 잡는 것이 기본이다.

세트슛

스탠스
오른발을 앞으로 내밀고(오른손잡이의 경우) 어깨너비로 벌린다.

POINT 01
발을 어깨너비로 벌리고 무릎을 가볍게 굽혀 중심을 낮춘다.

공의 위치
한쪽 손에 공을 올려놓고 공을 눈 위, 이마 부근에 가져간다.

POINT 02
그대로 자세를 유지하며 공을 위로 가져간다.

[기술 해설] 중요한 것은 자신의 슛 자세를 만드는 것

바닥에 양발을 붙인 상태에서 하는 슛을 세트슛이라고 한다. 자유투를 할 때를 비롯해 수비수에게 마크당하지 않는 상황에서 종종 사용하는 슛이다. 경기에서 슛을 성공시키기 위해 중요한 것은 자신의 슛 자세를 만드는 것이다. 같은 리듬으로 던질 수 있도록 계속해서 연습하자.
세트슛에는 양손으로 던지는 '체스트슛(60페이지)'이라는 방법도 있다.

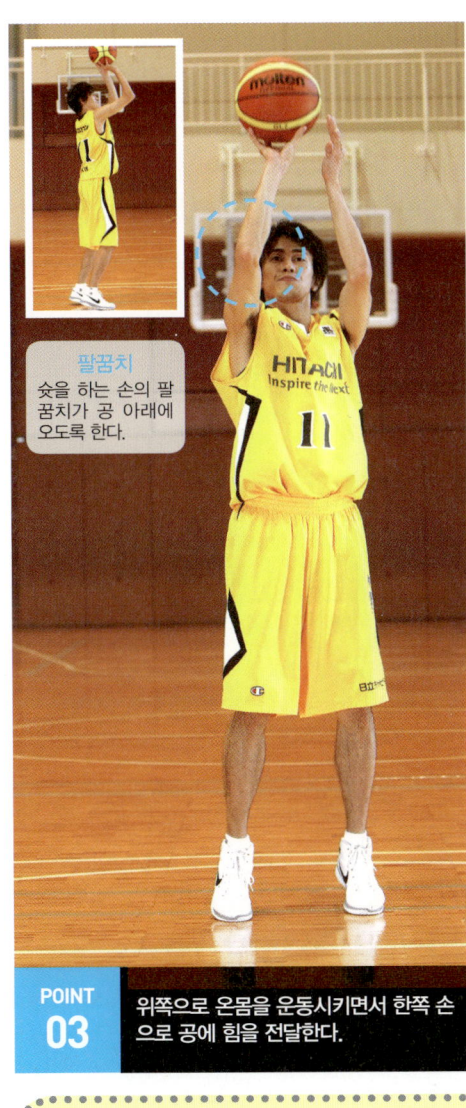
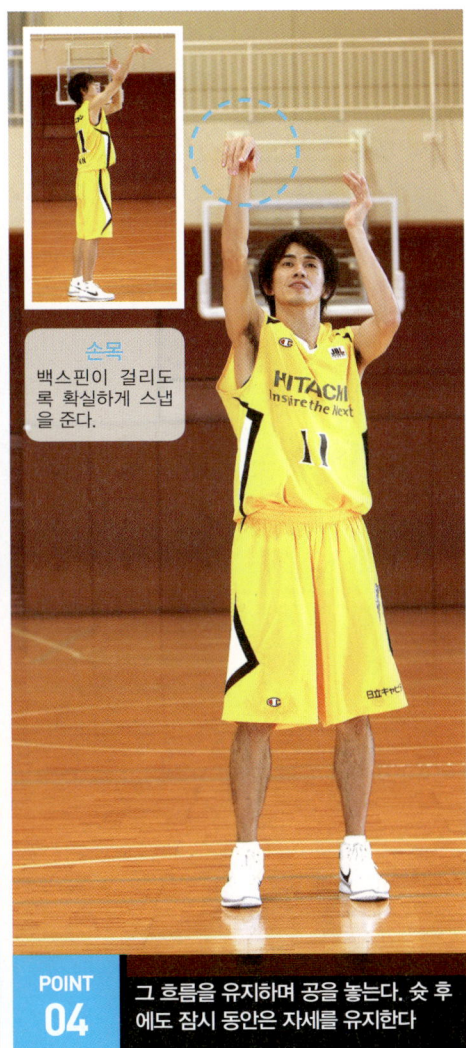

팔꿈치
슛을 하는 손의 팔꿈치가 공 아래에 오도록 한다.

손목
백스핀이 걸리도록 확실하게 스냅을 준다.

POINT 03 위쪽으로 온몸을 운동시키면서 한쪽 손으로 공에 힘을 전달한다.

POINT 04 그 흐름을 유지하며 공을 놓는다. 슛 후에도 잠시 동안은 자세를 유지한다.

STEP BY STEP Basketball 자유투를 성공시키기 위해

서두르지 말고 자신의 타이밍으로 던진다.

세트슛은 자유투를 할 때 대표적으로 사용한다. 자유투는 수비가 없는 상태에서 슛을 할 수 있는 유일한 기회다. 따라서 서두르지 말고 확실하게 성공시키는 것이 중요하다.
이를 위해서는 슛을 하기 전에 긴장을 풀어 놓는 것 또한 중요한 포인트다. 가볍게 공을 튕긴 다음 먼저 하반신을 확실하게 안정시키면서 자세를 잡는 것이 좋다.

슛의 기초 기술

점프슛

자세
무릎은 가볍게 구부리고 중심을 낮춘다.

POINT 01 세트슛을 할 때처럼 무릎을 굽히고 중심을 낮춘다.

점프의 방향
수직 위로 점프한다. 원래의 위치에 착지하는 것이 기본이다.

POINT 02 상반신의 자세는 그대로 유지하며 수직 위로 점프한다.

[기술 해설] 점프의 정점에서 공을 놓는다.

세트슛(30페이지)과 같은 자세로, 점프하면서 하는 슛을 점프슛이라고 부른다. 기본은 점프의 정점에서 공을 놓는 것이다. 높은 타점에서 던질 수 있기 때문에 수비의 방해를 적게 받는다는 이점이 있어 경기에서도 자주 사용된다.

다만, 공중에서 하는 플레이인 만큼 몸의 균형이 흐트러지기 쉬우므로 주의해야 한다. 자신의 눈앞에 수비수가 있다고 생각하며 연습을 반복하자.

손가락 끝
슛은 손가락 끝의 감각이 중요하다. 공을 손가락 끝에서 놓는 느낌으로 슛을 한다.

POINT 03 점프가 정점에 이르렀을 때 공을 놓는다.

손목
백스핀이 걸리도록 확실하게 스냅을 준다.

POINT 04 손목의 스냅을 준다. 원래의 위치에 착지한다.

STEP BY STEP Basketball 점프슛의 포인트

수직 위로 점프해 원래의 위치에 착지한다.

점프슛을 할 때의 점프는 수직 위로 뛰어 올라 원래 위치로 착지하는 것이 기본이다. 실력이 향상되면 수비수에게서 멀어지도록 뒤로, 혹은 옆으로 이동하면서 점프슛을 성공시킬 수 있게 되지만, 이것은 어디까지나 응용 테크닉이다. 수직 위로 점프하는 슛을 성공하기 전에 이런 슛을 계속하면 오히려 나쁜 버릇이 들 수 있으니 주의하자.

난이도	★
인 원	1인~
장 소	어디에서나 가능

메뉴 001 수직 위를 향해 슛

목적
슛의 기본은 공의 궤도를 안정시키기 위해 백스핀을 거는 것이다. 골을 향해 슛을 하는 전 단계로 머리 위로 공을 던지며 백스핀을 거는 감각을 익힌다.

순서
① 자신의 머리 위를 향해 슛을 한다.
② 떨어지는 공을 잡아 다시 슛을 한다.

지도자 MEMO
먼저 농구공의 이음새에 수직으로 손가락을 대고 백스핀을 걸도록 하자. 공을 놓을 때는 팔로스로를 확실하게 한다.

난이도	★
인 원	1인~
장 소	어디에서나 가능

메뉴 002 누워서 슛

목적
메뉴 001과 마찬가지로 백스핀을 걸기 위한 손목 사용법을 익히는 연습이다. 팔만 이용해 던지기 때문에 손목의 움직임에 좀 더 집중할 수 있다.

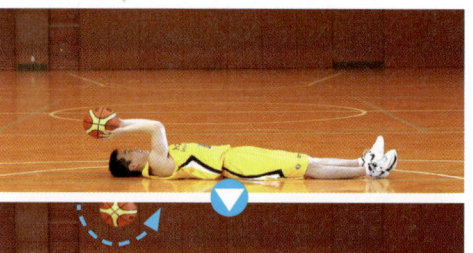

순서
① 똑바로 누워 수직 위를 향해 슛을 한다.
② 낙하한 공을 잡아 다시 슛을 한다.

지도자 MEMO
손이 있는 위치로 공이 돌아오지 않는다면 공을 수직 위로 던지지 못했다는 증거다. 공을 수직 위로 던질 수 있도록 노력하자.

슛		난이도	★★
메뉴 003	골밑슛	인원	1인~
		장소	골 밑

목적

가장 쉽게 슛을 성공시킬 수 있는 골 밑 근처에서 세트슛(30페이지)을 한다. 안정된 자세를 몸에 익혀 확실하게 슛을 성공시킬 수 있도록 하는 기본적인 메뉴 중 하나다.

순서

① 공을 잡고 골 밑에 선다.
② 올바른 자세로 세트슛을 던져 성공시킨다.

지도자 MEMO
백보드에 공을 맞혀서 성공시키는 것이 아니라 링에 닿지 않게 포물선 궤도로 링의 중심을 노리는 것이 중요하다.

슛		난이도	★★★
메뉴 004	미들슛	인원	1인~
		장소	미들 레인지

목적

슛 자세를 고정시키면서 슛의 거리를 넓혀 나간다.

순서

① 먼저 골 밑 근처에서 공을 던져 슛의 감각을 익힌다.
② 골 밑 근처에서의 슛이 들어가게 되면 왼쪽 그림과 같이 한 발 뒤로 물러서며 조금씩 골대와 거리를 벌려 나간다.

지도자 MEMO
안정적인 슛 자세로 슛을 성공시킬 수 있는 거리에서 착실하게 슛 연습을 하자. 서두르지 말고 조금씩 거리를 늘려 나가도록 한다.

난이도	★★★
인원	1인~
장소	자유투 라인

메뉴 005 프리스로

목적
자신만의 리듬을 만들거나 긴장감에 적응함으로써 자유투의 정확도를 높인다.

순서
① 공을 잡고 자유투 라인에 선다.
② 자유투를 확실하게 성공시킨다.

■ 경기에서도 필요한 자유투의 연습. 링을 보고 자신의 타이밍에 던진다.

■ 링을 잘 보고 자신의 리듬으로 슛을 한다.

 마음이 안정되도록 자신만의 리듬을 만들자. 공을 몇 번 튕긴 다음 던지거나 링을 잘 보며 던지는 등, 일정한 리듬으로 던지는 것이 중요하다.

원포인트 어드바이스
연습 때도 경기와 똑같은 긴장감을 느끼는 것이 중요하다. 이를 위해 자유투를 실패하면 코트를 전력 질주하는 등의 벌칙을 정하는 것도 하나의 방법이다.

 슛

메뉴 006

점프슛

난이도	★★
인 원	1인~
장 소	미들 레인지

목적
점프슛(32페이지)을 몸에 익히기 위한 첫걸음이다. 점프의 정점에서 공을 놓는 타이밍을 파악한다

순서
① 골 밑 근처에서 링을 정면으로 향한 상태로 공을 들고 자세를 취한다.
② 제자리에서 몇 차례 점프한 다음 슛을 한다.

- 공을 가지고 제자리에서 몇 차례 점프한다.
- 점프의 느낌을 파악했으면 좋은 리듬으로 슛을 한다.

변형
골 밑 근처에서 슛을 성공시킬 수 있게 되었다면 자세가 흐트러지지 않는 범위에서 서서히 거리를 벌려 나가자.

지도자 MEMO

자신이 균형을 잡기 편한 스탠스(양발을 벌린 넓이)를 확실하게 확인하자. 하반신을 안정시키면 공이 똑바로 날아가게 된다.

원포인트 어드바이스
링을 정면으로 향하도록 의식할 것. 정면으로 향한다는 것은 링에서 직선을 그었을 때 자신의 몸이 그 선과 수직이 되는 것을 의미한다.

난이도	★★★
인원	2인~
장소	어디에서나 가능

슛

메뉴 007 스트라이드 스톱

목적
좀 더 실전에 가까운 슛 연습. 움직이면서 공중에서 패스를 받고 한쪽 발부터 착지해 슛으로 연결한다.

순서
① 익숙해질 때까지는 골과 가까운 위치에서 연습한다. 먼저 다른 한 명이 패스를 하게 하고, 움직이면서 공을 받는다.
② 좌우 다리 중 한쪽을 먼저 착지시키고 슛으로 연결한다.

■ 움직이면서 공중으로 날아오는 패스를 받는다.

■ 한쪽 발(사진은 왼발)로 착지한다.

■ 다른 한쪽 발(사진은 오른발)로 착지하며 슛 자세에 들어간다.

■ 흐름을 유지하며 슛을 한다.

지도자 MEMO
슛을 하기 전 움직임으로 빼놓지 말아야 하는 것이 슛할 때의 자세가 흐트러지지 않도록 확실하게 '멈추는' 일이다. 공을 받은 다음, 공을 아래로 내리지 않는 것도 포인트다.

원포인트 어드바이스
오른발→왼발의 순서로 착지하는 방식과 왼발→오른발의 순서로 착지하는 방식을 상황에 맞게 사용하는 것이 중요하다. 어느 한 쪽만을 사용하면 수비수에게 습관을 읽힐 우려가 있으니 주의하자.

난이도	★★★
인원	2인~
장소	어디에서나 가능

메뉴 008 점프 스톱

목적

메뉴 007의 스트라이드 스톱이 한쪽 발부터 착지하는 것과는 달리 두 발로 동시에 착지한 다음 슛으로 연결한다. 두 발로 착지할 때 몸이 앞으로 쏠리지 않게 확실하게 멈추도록 주의한다.

순서

①익숙해질 때까지는 골과 가까운 위치에서 연습한다. 먼저 다른 한 명이 패스를 하게 하고, 움직이면서 공을 받는다.
②두 발로 동시에 착지하고 슛으로 연결한다.

■ 움직이면서 공중으로 날아오는 패스를 받는다.

■ 두 발로 동시에 착지한다.

■ 착지 후, 슛 자세에 들어간다.

■ 흐름을 유지하며 슛을 한다.

> **지도자 MEMO**
> 스트라이드 스톱은 달려오는 자연스러운 흐름으로 공을 받을 수 있다는 이점이 있는 반면 처음에 착지한 발이 필연적으로 피벗풋이 되어 바닥에서 뗄 수 없게 된다는 단점이 있다. 반면 점프 스톱은 스트라이드 스톱에 비해 점프라는 움직임이 필요하지만 두 발로 동시에 착지하기 때문에 피벗풋을 자유롭게 선택할 수 있다. 상황에 따라 적절하게 나눠서 사용할 수 있도록 확실하게 연습하자.

난이도	★★
인원	1인~
장소	미들 레인지

메뉴 009 셀프 미트 & 슛

목적

팀 동료 없이도 혼자 할 수 있는 슛 연습. 슛 전의 공을 잡는 것부터 실제로 슛을 하기까지의 동작을 확인한다.

순서

① 익숙해질 때까지는 골과 가까운 위치에서 연습한다. 먼저 공을 바닥에 바운드시킨다.
② 공을 미트해(움직이며 받아) 슛을 한다.

■ 공에 백스핀을 걸고 가볍게 위로 던져 바닥에 바운드시킨다.
■ 앞으로 움직이며 공을 잡으러 간다.

■ 공을 잡아 멈춘다.
■ 그 흐름을 유지하며 슛을 한다.

지도자 MEMO
공에 백스핀을 걸고 바운드시키면 자신의 방향으로 공이 돌아와 공을 잡기 쉬워진다. 눈앞에 수비가 있다고 생각하며 슛을 하자.

원포인트 어드바이스

슛은 선수 개개인의 연습으로도 향상시킬 수 있는 기술이다. 혼자서도 할 수 있는 메뉴를 풍부하게 알려 주고 선수가 자주적으로 슛 연습을 할 수 있는 환경을 만들어 놓는 것이 이상적이다.

슛		난이도	★★★
		인원	2인~
메뉴 010	리바운드 & 슛	장소	하프코트

목적

정면에서 오는 패스를 받아 슛으로 연결한다.

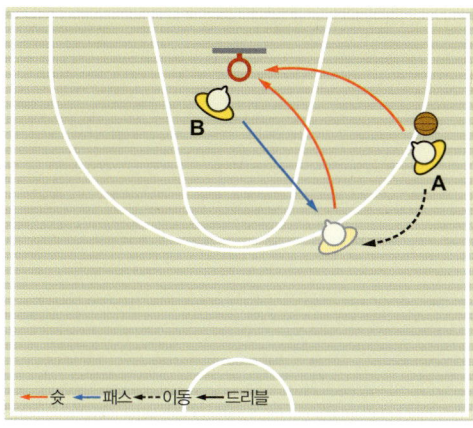

순서

① A가 슛을 한다.
② 슛이 빗나가면 B가 그 공을 잡는다.
③ 그 사이에 A는 다음 슛을 할 위치로 이동한다.
④ A는 B의 패스를 받아 다시 슛을 한다.

 지도자 MEMO: 슛을 하는 선수에게 강하게 패스하는 것을 염두에 두면 실전에 가까운 슛 연습이 된다. 시간이나 슛의 개수를 정해 놓고 집중해서 연습하자.

 ← 슛 ← 패스 ←-- 이동 ← 드리블

슛		난이도	★★★
		인원	5인~
메뉴 011	미트 & 슛	장소	하프코트

목적

옆에서 패스를 받아 슛으로 연결한다.

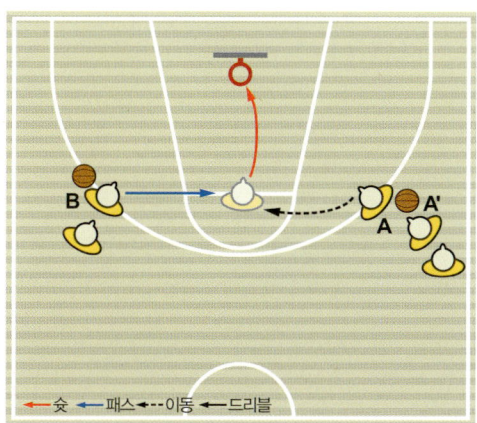

순서

① A가 자유투 라인 근처에서 움직인다.
② 그에 맞춰 B가 옆에서 패스를 한다.
③ A가 그 패스를 받아 슛을 한다. 공을 주워 반대편(B)의 줄에 선다.
④ B는 자유투 라인 근처를 움직이며 A에게 패스를 받아 슛을 한다. 이것을 연속해서 실시한다.

 지도자 MEMO: 패스를 받았으면 확실하게 멈추도록 한다. 링을 정면으로 향한다는 생각을 갖고 슛 연습을 반복하자.

← 슛 ← 패스 ←-- 이동 ← 드리블

슛		난이도	★★
		인원	2인~
메뉴 012 V컷		장소	하프코트

목적

V자 형태로 움직이며 슛 기회를 만든다.

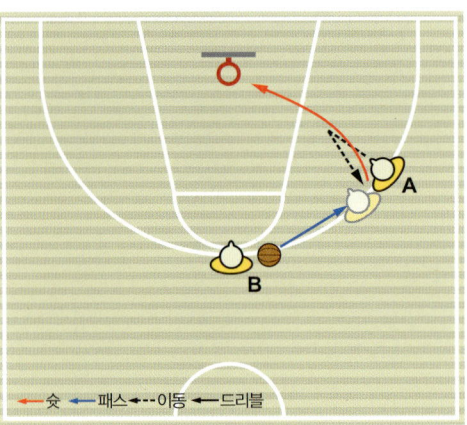

← 슛 ← 패스 ←-- 이동 ← 드리블

순서

①B가 톱에서 공을 들고 준비한다.
②A는 윙에서부터 움직이기 시작해, 수비수가 있다는 가정하에 그림과 같이 V자를 그리며 움직인다.
③B는 A에게 패스한다.
④A는 B의 패스를 받아 윙에서 슛을 한다.

 지도자 MEMO 수비수가 있다는 가정하에 상대방을 일단 인사이드로 밀어 넣은 다음 아웃사이드에서 패스를 받는 슛 연습이다. 수비수를 밀어 넣을 때는 천천히, 아웃사이드로 나올 때는 달리는 속도를 높여 슛으로 연결시킨다.

슛		난이도	★★★
		인원	2인~
메뉴 013 플레어 컷		장소	하프코트

목적

패스하는 사람에게서 떨어지며 슛 기회를 만든다.

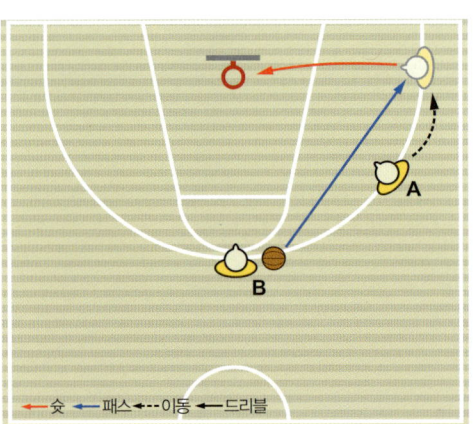

← 슛 ← 패스 ←-- 이동 ← 드리블

순서

①B가 톱에서 공을 들고 준비한다.
②A는 윙에서부터 움직이기 시작해, 수비수가 있다는 가정하에 패스하는 사람에게서 떨어지는 움직임을 취한다.
③B는 A에게 패스한다.
④A는 B의 패스를 받아 코너에서 슛을 한다.

 지도자 MEMO 패스를 하는 사람에게서 멀어지면 당연히 패스의 거리는 길어진다. 그러므로 타이밍 좋게 공이 전달되도록 패스를 하는 쪽과 받는 쪽의 호흡을 맞추는 것이 중요하다. 기본적으로는 슛 연습이지만, 패스를 하는 사람의 패스 정확성도 중요하다.

 슛

난이도	★★
인 원	2인~
장 소	하프코트

메뉴 014 L컷

목적

L자 형태로 움직이며 슛 기회를 만든다.

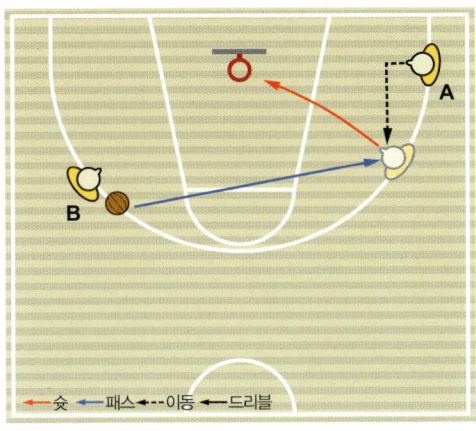

← 슛 ← 패스 ←-- 이동 ← 드리블

순서

①B가 윙에서 공을 들고 준비한다.
②A는 윙에서부터 움직이기 시작해, 수비수가 있다고 생각하며 그림과 같이 L자를 그리며 움직인다.
③B는 A에게 패스한다.
④A는 B의 패스를 받아 윙에서 슛을 한다.

> **지도자 MEMO**
> 수비수를 뿌리칠 때의 열쇠는 메뉴 012의 V컷과 같은 예각(銳角)의 움직임이나 이 L컷과 같이 직각에 가까운 움직임의 정확도를 얼마나 높이느냐이다. 움직이는 방향을 바꾸는 순간 바닥을 찬다는 느낌으로 연습하자.

 슛

난이도	★★
인 원	2인~
장 소	하프코트

메뉴 015 컬 컷

목적

커브를 그리듯이 움직이며 슛 기회를 만든다.

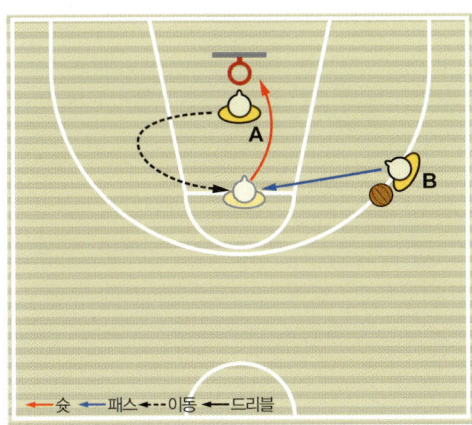

← 슛 ← 패스 ←-- 이동 ← 드리블

순서

①B가 윙에서 공을 들고 준비한다.
②A는 골 밑에서 움직이기 시작한다.
③A는 수비수가 있다고 가정하고 그림과 같이 커브를 그리며 움직인다.
④A는 B의 패스를 받아 미들 레인지에서 슛을 한다.

> **지도자 MEMO**
> 패스를 받기 전의 움직임에서 중요한 점은 달리는 속도에 변화를 주면서 예각으로 움직이는 것이다. 그리고 이와 함께 곡선을 그리며 움직이는 법도 기억해 두자. 이것은 스크린플레이에서 자주 사용되는 움직임 중 하나이다.

레이업슛

POINT 01 이동하는 기세를 그대로 유지하며 먼저 첫 번째 스텝을 밟는다.

양손 공을 놓치지 않도록 확실하게 잡는다.

POINT 02 이어서 두 번째 스텝을 밟는다. 좀 더 높은 도약을 위해 힘차게 밟는다.

두 번째 스텝 좀 더 높은 도약을 위해 두 번째 스텝은 더욱 확실하게 밟는다.

[기술 해설] 살며시 두고 온다는 느낌으로 공을 놓는다.

골을 향해 스텝을 밟으면서 슛을 하는 러닝슛 중 가장 확실한 방법이 레이업슛이다. '하나', '둘'의 리듬으로 강하게 스텝을 밟으며 공을 링에 살며시 두고 온다는 느낌으로 공을 놓는다. 포인트는 수비수에게 블록을 당하지 않도록 최대한 높은 위치에서 공을 놓는 것이다.

노마크 기회에서 레이업슛을 성공시키지 못한다면 경기에서 이길 수 없다. 확실하게 성공하는 것을 목적으로 삼자.

POINT 03 공을 높이 들어올리며 링에서 눈을 떼지 않도록 한다.

끌어올리는 다리
높이 점프할 수 있도록 허벅다리를 최대한 위로 끌어올린다.

POINT 04 점프의 정점에서 살며시 두고 오듯이 공을 놓는다.

릴리스
점프의 정점에서 공을 놓는다. 백보드를 이용하는 것이 기본이다.

STEP BY STEP Basketball 레이업슛을 성공시키기 위해

백보드를 효과적으로 활용한다.

레이업슛을 성공시키기 위한 포인트는 백보드를 효과적으로 활용하는 것이다. 기본적으로 백보드에 그려져 있는 흰 선과 그 선 안쪽에 공을 맞히도록 하자. 감각을 익힐때까지 반복해서 연습하기 바란다. 또한 골의 정면이나 옆에서 레이업슛을 할 때는 백보드에 공을 맞히지 않고 넣는 테크닉도 필요하다. 그럴 때는 공이 링의 중앙을 통과하게 한다.

숏의 기초 기술

오버헤드숏

양손
공을 놓치지 않도록 확실하게 잡는다.

POINT 01 이동하는 기세를 그대로 유지하며 먼저 첫 번째 스텝을 밟는다.

공의 위치
두 번째 스텝과 함께 재빨리 공을 위로 들어 올린다.

POINT 02 두 번째 스텝을 강하게 밟으며 재빨리 공을 들어 올린다.

[기술 해설] 미리 공을 높은 위치로 가져간다.

자신보다 키가 큰 선수 앞에서 무리하게 레이업숏(44페이지)을 시도하면 상대에게 블록을 당할 수 있다. 아래쪽에서 공을 들어 올릴 때 수비의 표적이 되는 것이다. 따라서 공을 미리 높은 위치로 가져가 높은 타점에서 숏을 하는 테크닉이 요구된다. 이것을 '오버헤드숏'이라고 한다. 골 밑으로 달려가면서 접근해 점프숏을 하듯이 손목의 스냅을 주며 던진다.

공중에서의 자세
점프슛과 같은 요령으로 한쪽 손에 공을 올리고 슛 자세로 들어간다.

손목
백스핀이 걸리도록 손목의 스냅을 확실하게 준다.

POINT 03 공을 한쪽 손에 올리고 균형을 유지하면서 슛 자세에 들어간다.

POINT 04 점프의 정점에서 슛을 한다. 백보드를 이용하는 것이 기본이다.

STEP BY STEP Basketball 오버헤드슛을 성공시키기 위해

타점을 높게 해 슛을 한다.

자신보다 키가 큰 선수의 블록을 피하려면 오버헤드슛과 같이 타점을 높이는 것이 효과적이다. 또한 공이 크게 포물선을 그리도록 던져 상대의 블록을 피하는 테크닉도 있다. 이것을 '하이루프슛'이라고 한다. 수비수가 읽지 못하는 타이밍에 오버헤드슛이나 하이루프슛을 하면 키가 큰 상대의 블록을 피할 수 있을 것이다.

기술해설 백슛 ①

슛의 기초 기술

POINT 01 공을 확실하게 잡고 첫 번째 스텝을 밟는다.

POINT 02 힘차게 두 번째 스텝을 밟으며 공을 들어 올린다.

POINT 03 링을 지나간 다음 공을 살며시 두고 오듯이 놓는다.

[기술 해설] 링을 지나간 다음 슛

슛을 할 때는 골을 정면으로 향하게 하는 것이 기본이다. 그러나 경기 상황에 따라서는 골이 등 뒤에 있을 때도 슛을 성공시켜야 한다. 이럴 때 효과적으로 사용할 수 있는 기술이 백슛이다. 실전에서 가장 자주 사용되는 것은 베이스 라인을 따라 드리블로 링을 지나간 다음 슛을 하는 형태다. 링을 지나간 다음 공을 놓는다는 것 이외에는 레이업슛(44페이지)과 같다. 점프의 정점에서 살며시 두고 오듯이 공을 놓는다.

STEP BY STEP Basketball 백슛을 성공시키기 위해

상황에 맞춰 적절한 슛을 한다.

레이업슛은 실전에서도 자주 사용하는 테크닉이므로 당연히 수비도 그것을 블록하려 한다. 그런 수비수의 타이밍을 빗나가게 해, 슛을 성공시킬 수 있도록 도움을 주는 기술이 이 백슛이다. 점프의 정점에서 공을 놓는 것이 이상적이므로 슛 자세에 들어가기 전부터 수비수의 상황을 잘 염두에 두는 것이 중요하다. 연습에서도 다양한 상황을 가정하며 상황에 맞춰 적절한 슛을 할 수 있도록 노력하자.

슛의 기초 기술

[기술해설] 백슛 ②

POINT 01 공을 확실하게 잡고 첫 번째 스텝을 밟는다.

슛을 하는 손
보통과는 반대쪽 손으로 슛을 한다.

POINT 02 힘차게 두 번째 스텝을 밟으며 공을 들어 올린다.

POINT 03 링을 지나간 다음 살며시 공을 놓는다

[기술 해설] 링을 지나간 다음 슛

이것은 왼쪽 페이지에서 소개한 백슛의 다른 버전이다. '하나', '둘'의 타이밍으로 크게 스텝을 밟고, 링을 지나간 다음 점프의 정점에서 공을 살며시 두고 오듯이 놓는 것은 왼쪽 페이지의 백슛과 같다. 자세가 잘 흐트러지지 않는다는 이점이 있지만, 반대쪽 손(잘 쓰지 않는 손)을 사용하기 때문에 난이도가 높아진다. 가능하다면 자주 쓰는 손과 마찬가지로 손목을 유연하게 사용할 수 있도록 만드는 것이 이상적이다.

STEP BY STEP Basketball 백슛을 성공시키기 위해

양손을 모두 사용할 수 있게 되는 것이 이상적

레이업슛이나 백슛과 같이 달리면서 하는 슛은 확실하게 성공시키는 것이 중요하다. 이를 위해서는 최대한 수비수에게 블록당하지 않도록 주의해야 하는데, 그래서 필요한 것이 좌우 어느 쪽 손으로도 똑같이 슛을 할 수 있게 하는 것이다. 양손을 모두 사용하여 슛을 할 수 있게 되면 상황에 따라 공을 놓는 위치를 바꿀 수 있어 수비수가 대응하기 어려워지게 된다. 골과 가까운 위치의 슛은 왼손으로든 오른손으로든 자유자재로 할 수 있도록 만들자.

슛		난이도 ★★
메뉴 016	**왼쪽에서 패스를 받아 슛**	인원 2인~
		장소 하프코트

목적
왼쪽에서 던져 준 패스를 받아 러닝슛으로 연결한다.

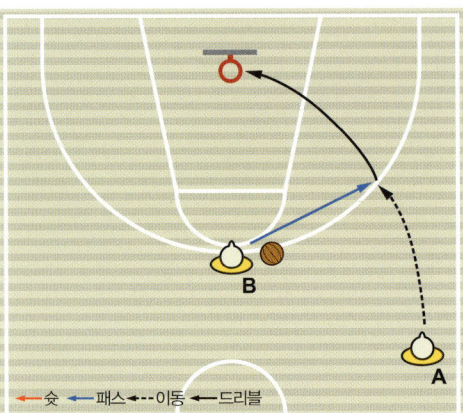

순서
① B는 톱에서 공을 들고 준비한다.
② A는 센터 라인 근처에서 움직이기 시작한다.
③ A는 윙에서 B의 패스를 받아 최소한의 드리블로 슛을 한다.

 지도자 MEMO 평소 연습뿐만 아니라 경기 전에도 해 두면 좋은 기본 연습이다. 골을 향해 달려가 패스 받기, 레이업슛 등 워밍업을 할 때 확인해 둬야 할 요소가 담겨 있다. 조금씩 속도를 높이며 실시하자.

슛		난이도 ★★
메뉴 017	**오른쪽에서 패스를 받아 슛**	인원 2인~
		장소 하프코트

목적
오른쪽에서 던져 준 패스를 받아 러닝슛으로 연결한다.

순서
① B는 톱에서 공을 들고 준비한다.
② A는 센터 라인 근처에서 움직이기 시작한다.
③ A는 윙에서 B의 패스를 받아 최소한의 드리블로 슛을 한다.

 지도자 MEMO 왼쪽에서 패스를 받는 연습을 했으면 원칙적으로 오른쪽에서 패스를 받는 연습도 해야 한다. 이유는 패스를 받는 순간의 자세나 스텝이 달라지기 때문이다. 그리고 한쪽 사이드에서 연습을 했으면 반드시 반대쪽 사이드에서도 연습을 하도록 하자.

슛

난이도	★★★
인 원	1인~
장 소	하프코트

메뉴 018 정면에서 드리블 후 슛

목적
백보드를 이용하지 않고 정면에서 레이업슛을 성공시킨다.

순서
① 톱에서 공을 들고 준비한다.
② 골을 향해 드리블을 하며 전진해 레이업슛을 한다.

 지도자 MEMO
비스듬한 각도에서 레이업슛을 할 때는 백보드에 공을 맞히는 것이 기본이다. 그러나 정면에서 레이업슛을 할 경우에는 백보드를 이용하려 하면 공의 힘이 강해져 빗나가게 된다. 그래서 살짝 공을 띄워 링에도 부딪치지 않도록 슛을 한다.

 슛

난이도	★★★
인 원	1인~
장 소	하프코트

메뉴 019 코너에서 드리블 후 슛

목적
백보드를 이용하지 않고 코너에서 레이업슛을 성공시킨다.

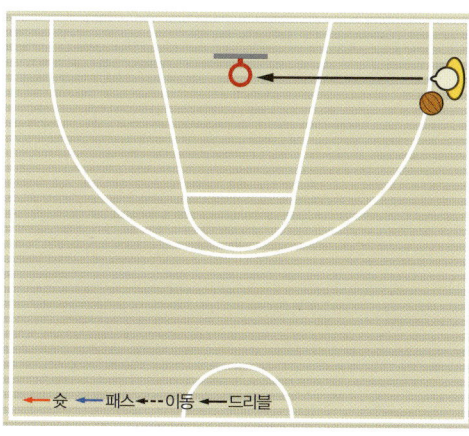

 슛 ← 패스 ←-- 이동 ← 드리블

순서
① 코너에서 공을 들고 준비한다.
② 골을 향해 드리블을 하며 전진해 레이업슛을 한다.

 지도자 MEMO
코너에서 골을 향해 드리블을 하며 전진하면 백보드와 평행한 방향으로 드리블을 하게 되기 때문에 슛을 하려 해도 백보드를 이용하기 어려울 때가 종종 있다. 이런 때에도 살짝 공을 띄워 링에 부딪치지 않도록 하는 슛이 효과적이다.

슛의 기초 기술

포스트업 후 터닝슛

패스를 받는 법
수비수에게 철저하게 밀착해 패스를 확실하게 받는다.

POINT 01 수비수(흰색)에게 몸을 기대고 공을 받는다.

패스를 받은 뒤의 움직임
패스를 받았으면 어깨너머로 수비수를 확인한다.

POINT 02 패스를 받았으면 어깨너머로 수비수를 확인한다.

[기술 해설] 확실하게 턴을 한 다음 슛

골과 가까운 위치에서 하는 슛은 성공 확률이 높은 만큼 수비도 철저한 마크로 대응한다. 그렇기 때문에 접촉 플레이에서 밀리지 말고 상대에게 확실하게 밀착해 좋은 포지션을 빼앗기지 않도록 해야 한다.
밀착 상태에서 패스를 받았으면 어깨너머로 수비수를 확인한다. 그대로 슛으로 연결시킬 수 있다면 얼굴을 향한 쪽의 발을 뒤로 빼며 턴하고, 그것이 어렵다면 위의 사진처럼 재빨리 반대 방향으로 턴해 슛으로 연결시킨다.

턴
상황에 따라서는 마크를 떼어놓기 위해 반대 방향으로 턴한다. 피벗풋은 움직이지 말 것.

피벗풋

POINT 03 얼굴을 향한 쪽으로 턴을 할 수 없는 상황이라면 반대 방향으로 턴한다.

슛 자세
슛은 기본대로 점프슛을 한다. 슛을 성공시키기 위해서는 상대방을 확실하게 떨어트려 놓는다.

POINT 04 상대방의 마크가 떨어졌으면 점프슛을 한다

STEP BY STEP Basketball   포스트 플레이란?

상황에 맞춰 때로는 패스를

제한 구역 라인 근처에서 골을 등지고 패스를 받는 플레이를 '포스트 플레이'라고 부른다. 그중에서도 골에 가까운 지역은 로 포스트, 자유투 라인 근처에서의 포스트 플레이는 하이 포스트라고 한다. 포스트 플레이에서 슛으로 연결시키는 것이 이상적이지만, 억지로 슛을 하는 것이 반드시 정답이라고는 할 수 없다. 때로는 포스트 플레이에서 패스를 돌림으로써 공격이 원활하게 전개될 경우도 있으니 상황을 확실하게 파악하자.

포스트업 후 훅슛

패스를 받는 법
수비수에게 철저하게 밀착해 패스를 확실하게 받는다.

POINT 01 수비수(흰색)에게 몸을 기대고 공을 받는다.

패스를 받은 뒤의 움직임
패스를 받았으면 어깨너머로 수비수를 확인한다.

POINT 02 패스를 받았으면 어깨너머로 수비수를 확인한다.

[기술 해설] 키가 큰 상대에게는 훅슛

골 근처에서 슛을 할 때 수비수에게 블록당하지 않기 위해서는 공을 상대에게서 멀리 떨어트리는 플레이가 효과적이다. 이것을 가능케 하는 슛 중 하나가 '훅슛'이다. 패스를 받아 수비수를 확인하기까지의 움직임은 '포스트업 후 터닝슛'(52페이지)과 같지만, 여기에서는 드리블 후 수비수와 비슷한 자세를 취하고 한쪽 손으로 슛을 한다. 슛의 포인트는 팔꿈치를 곧게 펴고 손목의 스냅을 활용하는 것이다. 특히 키가 큰 선수를 상대할 때 효과적이다.

드리블
양발 중앙에서 낮고 강하게 공을 튕긴다.

피벗풋

POINT 03 얼굴을 향한 쪽으로 슛을 노리거나, 여의치 않으면 사진과 같이 반대로 턴해 드리블한다.

슛을 하는 손
골 밑의 훅슛은 팔꿈치를 뻗고 손목의 스냅을 사용하는 것이 기본이다.

POINT 04 상대방과 몸을 비스듬히 하고 먼 쪽의 손으로 슛을 한다

> **STEP BY STEP Basketball 훅슛의 종류**
>
> 훅슛에는 골 밑에서 수직 위로 점프하는 플레이 외에 크게 스텝을 밟으면서 슛으로 연결하는 '러닝 훅슛'이라는 플레이도 있다. 수비수에게서 떨어져 슛을 할 수 있도록 크게 스텝을 밟는 것인데, 그만큼 몸이 흔들리기 쉬워 슛을 성공시키기 어렵다. 먼저 수직 위로 점프하는 훅슛을 익히고 그 다음 단계로 러닝 훅슛에 도전하자.

메뉴 020 · 슛 — 연속 골밑슛

난이도 ★★
인원 1인~
장소 골밑

목적
가장 큰 목적은 근거리 슛을 확실하게 성공시킬 수 있게 되는 것이다. 연속해서 슛을 함으로써 빠른 동작도 익힌다.

순서
① 골 밑에서 슛을 한다.
② 떨어진 공을 잡아서 바로 다시 슛을 한다. 이것을 반복한다.

지도자 MEMO
슛의 수나 시간을 정하고 집중해서 연습하자. 연습에서는 성공시킬 수 있어도 경기에서는 간단한 슛이 빗나가는 경우가 종종 있다. 그러므로 실전에서도 확실하게 성공시킬 수 있도록 연습에서도 슛 하나하나를 중요하게 여기기 바란다.

메뉴 021 · 슛 — 골 밑에서 백슛

난이도 ★★★
인원 1인~
장소 골밑

목적
재빠른 동작으로 근거리에서 백슛을 확실하게 성공시킨다.

순서
① 골 밑에서 백슛을 한다.
② 떨어진 공을 잡아서 바로 다시 슛을 한다. 이것을 반복한다.

지도자 MEMO
좌우 어느 쪽 손으로도 슛을 할 수 있게 되는 것이 중요하다. 연속해서 백슛을 계속 하는 연습 외에 골 밑에서의 통상적인 점프슛과 번갈아 실시하는 방법도 있다.

슛		난이도	★★★
메뉴 022	**골 밑에서 훅슛**	인 원	1인~
		장 소	골 밑

목적
재빠른 동작으로 근거리에서 훅슛을 확실하게 성공시킨다.

순서
① 골 밑에서 훅슛을 한다.
② 떨어진 공을 잡아서 바로 다시 슛을 한다. 이것을 반복한다.

지도자 MEMO
연속해서 백슛을 계속 하는 연습 외에도 골 밑에서의 통상적인 점프슛이나 백슛과 번갈아 실시하는 방법도 있다. 좌우 어느 쪽 손으로도 슛을 할 수 있게 되는 것이 중요하다.

슛		난이도	★★
메뉴 023	**슛이 빗나가면 재빨리 리바운드**	인 원	1인~
		장 소	미들 레인지

목적
실전에서는 슛을 한 선수가 스스로 리바운드를 잡으러 가는 자세가 중요하다. 평소 연습에서부터 이 연습을 함으로써 자연스럽게 몸에 익히도록 한다.

순서
① 다양한 각도와 거리에서 점프슛을 한다.
② 슛이 빗나갔다는 생각이 들면, 즉시 리바운드를 잡으러 간다. 이것을 반복한다.

지도자 MEMO
슛을 한 다음 '빗나갔다.'는 생각이 들 때 스스로 리바운드를 잡으러 가는 자세는 중요하다. 하지만 서두르는 것은 금물이다. 리바운드를 너무 의식한 나머지 슛 자체가 엉성해지지 않도록 주의하자.

슛	난이도 ★★
	인원 4인~
	장소 골 밑

메뉴 024 공을 주워 슛

목적

허리가 높으면 상대와의 접촉 플레이에서 밀리기 때문에 실전에서는 낮은 자세가 필요하다. 낮은 자세를 유지함과 동시에 그 자세에서 단숨에 골로 향하는 폭발력도 키운다.

■ 골 바로 밑에서 출발해 골의 좌우에 놓여 있는 공을 주우러 간다.

■ 공을 주웠으면 바로 자세를 정비해 골 밑에서 슛을 한다.

■ 슛을 하는 즉시 반대쪽 공을 주우러 간다.

■ 공을 줍는다. 그 후 바로 골 밑에서 슛을 한다.

순서

① 골 밑 좌우에 공을 하나씩 놓는다.
② 슛을 하는 선수는 공을 주워 점프슛을 한다.
③ 슛을 했으면 즉시 반대편의 공을 향해 달려가 그것을 주워 슛을 한다.
④ 그 사이에 다른 선수는 공을 원래의 위치에 놓는다.

지도자 MEMO
슛 테크닉과 병행해 신체도 단련할 수 있는 메뉴인 만큼, 체력도 중요하다. 예를 들면 슛 10회 같이 횟수를 정해 집중해서 연습하면 좋을 것이다. 리듬이 흐트러지지 않도록 주위 선수나 코치는 공을 바로 바로 세팅해 놓도록 하자.

 NG
골 밑을 담당하는 장신의 선수일수록 허리 위치가 높아지는 경향이 있다. 특히 지치게되면 낮은 자세를 유지하기 어렵게 되는데, 그렇게 되면 상대와의 접촉 플레이에서 밀리게 되니 주의하자.

슛	난이도 ★★
	인원 4인~
메뉴 025 **파워 드리블 후 슛**	장소 골 밑

목적

접촉 플레이에서 지지 않도록 낮은 자세를 유지하며, 그 상태에서 드리블을 해 슛으로 연결시키는 테크닉을 익힌다.

■ 골 바로 밑에서 출발해 공을 주우러 간다.

■ 공을 줍는 즉시 벌린 양 다리의 중앙에서 공을 튕긴다.

■ 자세를 가다듬고 골 밑에서 슛을 한다.

■ 슛을 한 후에는 바로 반대쪽 공을 주우러 간다.

순서

① 골 밑 좌우에 공을 하나씩 놓고, 슛을 할 선수는 공을 주우러 간다.
② 공을 주웠으면 한 번 바닥에 튕긴다.
③ 자세를 바로잡고 슛을 한다.
④ 슛을 한 뒤 즉시 반대편의 공을 향해 달려간다.
⑤ 그 사이에 다른 선수는 공을 원래의 위치에 놓는다.

지도자 MEMO 양손으로 잡고 있는 공을 힘차게 한 번 튕기는 드리블 테크닉을 '파워 드리블'이라고 부른다. 포인트는 벌린 양다리의 중앙에서 공을 튕기는 것이다. 한 손 드리블을 하더라도 최소한의 드리블만 하고 슛으로 연결하자.

변형 페인트 동작으로 슛을 하는 척한 후, 골 방향으로 스텝(인)해 슛을 하는 등의 패턴도 있다. 스텝을 밟는 법이나 슛의 종류를 잘 조합하면서 패턴을 늘리자.

체스트슛

자세
어깨너비만큼 발을 벌리고, 가슴 위치에서 양손으로 공을 확실하게 잡는다.

POINT 01
중심을 낮추고 가슴 위치에 공을 든 채 자세를 취한다.

움직임
가슴 위치에서 잡고 있던 공을 양손으로 수직으로 올리는 것이 기본이며, 비스듬히 들어 올리면 슛의 궤도도 휘어진다.

POINT 02
그 상태에서 양손으로 공을 들어올린다.

[기술 해설] 백스핀을 확실하게 건다.

한 손으로 공을 릴리스하는 슛은 '원 핸드슛', 양손으로 공을 릴리스하는 슛은 '투 핸드슛' 또는 준비 자세에서 공을 가슴(체스트) 위치에 가지고 있다고 해서 '체스트슛'이라고도 부른다. 양손으로 공에 힘을 전달할 수 있는 만큼 힘이 약한 선수도 공을 링까지 던질 수 있다는 이점이 있다. 어느 한 쪽 손에 편중되지 않게 양손으로 힘을 균등하게 전달하며 확실하게 백스핀이 걸리도록 던진다.

릴리스
공을 놓는 타이밍은 이마 위가 기준이다.

손목
백스핀이 걸리도록 확실하게 스냅을 준다.

| POINT 03 | 링에서 눈을 떼지 않도록 하며 그대로 공을 릴리스한다. |

| POINT 04 | 슛을 한 뒤에도 잠시 동안은 팔로스루를 한다. |

STEP BY STEP Basketball 체스트슛을 성공시키기 위해

중심을 확실하게 낮추고 자세를 잡는다.

체스트슛은 가슴 부근에서 공을 세트하는 것이 기본인데, 원 핸드슛에 비해 위치가 낮기 때문에 수비수에게 블록 당하기 쉬운 단점이 있다. 그래서 이마 부근 등 최대한 높이 들어 올려 슛의 타점을 높이는 방법도 있다. 기본을 익혔으면 실전이라 생각하며 타점이 높은 체스트슛에도 도전해 보자.

Column About the Basketball

용어 해설②

포지션에 관한 용어

농구는 한 팀당 5명이 경기하는 스포츠다. 공격과 수비 모두 포지션에 따라 각각 맡은 역할이 있다. 물론 야구와 같이 포지션이 확실하게 고정된 것은 아니기 때문에 상황에 맞추어 유동적으로 움직이게 된다. 그러나 농구라는 스포츠를 좀더 깊이 이해하기 위해서는 그 역할에 대해 정확하게 알아둘 필요가 있다.

● 4아웃 1인의 경우
아웃사이드에서 공을 돌리기 쉬우며 균형 있게 공격할 수 있다.

● 3아웃 2인의 경우
키가 큰 선수가 두 명 이상 있을 때 자주 사용되며, 인사이드 공격을 전개하기 용이하다.

● 포인트 가드(PG)

1번이라고 부르기도 한다. 공을 운반하고 공격을 조율하는 사령탑의 역할을 맡는 포지션이다. 다른 포지션 이상으로 드리블과 패스 같은 기본 기술은 물론 주위를 잘 살피는 넓은 시야와 상황 판단력이 요구된다.

● 슈팅 가드(SG)

2번이라고 부르기도 한다. 주로 아웃사이드에서 슛을 하거나 골 밑으로 달려들어 슛을 하는 등 득점으로 이어지는 플레이가 요구되는 포지션이다. 특히 장거리 슛을 성공시킬 수 있는 선수가 이 포지션을 맡는 경우가 많다.

● 스몰 포워드(SF)

3번이라고 부르기도 한다. 슈팅 가드와 마찬가지로 아웃사이드에서 슛을 하거나 골 밑으로 달려들어 슛을 하는 등의 능력이 요구되는 포지션이다. 슈팅 가드보다는 인사이드에서의 플레이가 좀 더 많이 필요하기 때문에 만능형 선수가 맡는 경우가 많다.

● 파워 포워드(PF)

4번이라고 부르기도 한다. 인사이드에서의 득점과 리바운드 능력이 요구되는 포지션이다. 점프력 등의 운동 능력과 신체적인 강인함이 요구된다. 센터가 플레이하기 쉽도록 포지션을 잡는 능력도 필요하다.

● 센터(C)

5번이라고 부르기도 한다. 주로 골 근처에서 플레이하며, 인사이드 공격의 중심인 역할을 담당하는 포지션이다. 팀에서 키가 가장 큰 선수가 주로 맡는다. 골 밑에서의 슛 능력과 함께 리바운드 능력이 꼭 필요하다.

제2장
드리블
Dribble

드리블은 불리한 상황에 놓였을 때 단번에 형세를 뒤엎을 수 있는 커다란 무기로, 다양한 테크닉이 있다. 공을 다루는 감각을 몸에 익혀 상황에 맞는 드리블을 할 수 있도록 하자.

드리블의 기초 기술

기술해설: 볼핸들링

시선
시선은 앞을 향하고 시야를 넓게 유지한다.

공을 다루는 법
손목과 손가락 끝으로 가볍게 밀어내면서 왼손으로 공을 넘긴다.

템포
왼손으로 받는 즉시 오른손으로 공을 넘긴다. 리드미컬하게 실시할 것.

[기술 해설] 공을 다루는 테크닉에서 빼놓을 수 없는 요소

'볼핸들링'이란 공을 손에 익혀 자신의 생각대로 컨트롤하는 것을 말한다. 드리블을 비롯해 슛이나 패스 등 공을 다루는 테크닉에 능숙해지기 위해 꼭 필요한 요소 중 하나다. 이 장에서 소개하는 메뉴 중에는 실전에서 많이 사용하지 않는 동작도 포함되어 있지만, 위의 사진과 같이 오른손에서 왼손으로 공을 던지고 받는 볼핸들링을 비롯해 다양한 패턴을 연습함으로써 공을 손으로 다루는 감각을 몸에 익힐 수 있다.

▶▶▶ 볼핸들링의 포인트 ①

POINT 01 공을 확실하게 잡아둘 수 있도록 손가락을 벌려 공을 잡는다.

[해설] 손가락을 벌려 잡는다.

공을 다룰 때는 손가락을 벌려 공을 잡는 것이 기본이다. 그렇게 해야 공을 컨트롤하기 쉬워지고 공을 확실하게 잡아둘 수 있기 때문이다. 반대로 손가락을 오므린 채 공을 잡으면 안정감이 떨어져, 실전에서 다른 선수와 살짝 부딪치기만 해도 공을 떨어트릴 우려가 있다.

▶▶▶ 볼핸들링의 포인트 ②

POINT 02 앉아 있을 때도 연습을 할 수 있다.

[해설] 다양한 자세에서 볼핸들링을 할 수 있도록 한다.

볼핸들링은 게임적인 요소도 강한 연습이다. 서서 할 수 있게 되면 앉은 상태에서도 해보자. 무엇보다 중요한 점은 공을 만지는 시간을 늘리는 것이다. 앉아서 쉴 때도 연습을 할 수 있다.

▶▶▶ 볼핸들링의 포인트 ③

POINT 03 볼핸들링 중에는 시선이 아래를 향해서는 안 된다.

[해설] 시선이 아래를 향해서는 안 된다.

항상 주위를 보며 시야를 넓게 유지하는 것은 좋은 선수의 조건 중 하나다. 볼핸들링을 하는 도중에도 얼굴을 들고 공이 아닌 주변 상황을 보는 것이 가장 좋다. 고개를 숙인 상태에서 볼핸들링을 하는 것은 특히 바람직하지 못하다. 평소 연습을 할 때부터 주의하자.

볼핸들링	난이도 ★
	인원 1인~
	장소 어디에서나 가능

메뉴 026 허리 주위로 공 돌리기

목적
드리블을 비롯해 공을 다루는 감각을 몸에 익힌다.

순서
① 몸의 정면에서 공을 잡는다.
② 허리 주위로 공을 돌린다.

지도자 MEMO 공이 아닌 정면을 보고 할 것. 조금씩 속도를 높이며 실시하자. 일정 횟수를 마치면 반대 방향도 연습한다.

볼핸들링	난이도 ★
	인원 1인~
	장소 어디에서나 가능

메뉴 027 얼굴 주위로 공 돌리기

목적
메뉴 026에서 한 단계 발전된 형태로, 공을 다루는 감각을 키운다. 공을 부드럽게 움직이는 것이 포인트다.

순서
① 얼굴 앞에서 공을 잡는다.
② 얼굴 주위로 공을 돌린다.

지도자 MEMO 메뉴 026에서 공을 돌리는 위치를 바꾼 것으로, 이와 같은 작은 변화만으로도 선수가 싫증을 느끼지 않게 된다. 다른 메뉴도 자기 나름대로 연구해 다양한 방식으로 변형시키자.

볼핸들링		난이도	★
메뉴 028	손가락으로 공 튕겨 올리기	인원	1인~
		장소	어디에서나 가능

목적

볼 컨트롤을 위한 손가락 힘을 키운다.

순서

① 공을 다섯 손가락 위에 올려놓는다.
② 손가락 힘으로 튕겨 올린다.

지도자 MEMO
드리블을 비롯해 슛이나 패스 같은 기술은 모두 손바닥을 공에 대지 않는 것이 기본이다. 그런 만큼 손가락 끝의 힘과 컨트롤이 중요한 요소가 된다.

볼핸들링		난이도	★
메뉴 029	몸 쪽으로 공 끌어당기기	인원	1인~
		장소	어디에서나 가능

목적

몸의 중심에서 떨어진 곳에 있는 공을 재빨리 몸 쪽으로 끌어당긴다. 리바운드를 할 때, 상대방과의 경쟁에서 승리하는 능력을 키우는 데도 도움이 된다.

순서

① 공을 최대한 높이 올린다.
② 가슴으로 끌어당긴다.

지도자 MEMO
연습은 목적의식을 갖고 하는 것이 중요하다. 이 메뉴는 공을 가슴으로 재빨리 끌어당기기 위한 연습이므로 최대한 빠른 동작으로 하도록 하자. 일정 횟수를 마쳤으면 반대쪽 손으로도 연습한다.

볼핸들링		난이도	★★
메뉴 030	앞뒤로 공 잡기	인원	1인~
		장소	어디에서나 가능

목적
공을 다루는 감각을 키우는 동시에 민첩성을 높인다.

순서
① 양다리 사이로 공을 잡는다.
② 공에서 손을 떼면서 등 뒤로 돌려 공이 지면에 떨어지기 전에 잡는다.

지도자 MEMO 앞에서 뒤로 손을 돌려 공을 잡았으면 다음에는 뒤에서 앞으로 손을 움직여 공을 잡는다. 리드미컬하게 연속해서 실시하자.

볼핸들링		난이도	★★
메뉴 031	다리 사이로 양손 교차해 공 잡기	인원	1인~
		장소	어디에서나 가능

목적
메뉴 030과 마찬가지로 공을 다루는 감각과 민첩성을 높이는 것이 목적이다. 양손을 교차시키기 때문에 좀 더 큰 움직임이 필요하다.

순서
① 양다리 사이에서 양손을 교차시켜 공을 잡는다.
② 손을 공에서 떼면서 공이 떨어지기 전에 양손의 위치를 바꿔 잡는다.

지도자 MEMO 일단 공에서 손을 떼면 아무래도 공을 바라보고 싶어진다. 하지만 되도록 시선은 정면을 향한 상태로 실시하자.

볼핸들링		난이도 ★★
메뉴 032	**'8'자로 공 옮기기**	인 원 1인~
		장 소 어디에서나 가능

목적
공을 재빨리 움직여 공을 유지하는 능력을 높인다.

순서
① 양다리 사이에 공을 놓고 가랑이를 통해 한쪽으로 공을 옮긴다.
② 8자를 그리듯이 가랑이를 통해 반대쪽으로 공을 옮긴다.

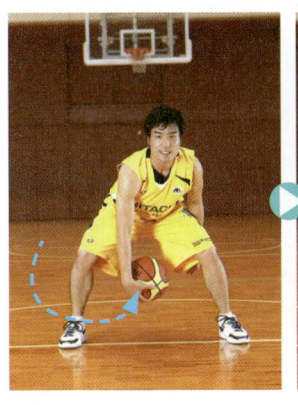

지도자 MEMO
처음에는 공이 다리에 부딪칠지도 모르지만, 되도록 앞을 보며 연습한다. 실패를 두려워하지 말고 속도를 높여가면 공을 유지하는 능력이 높아진다.

볼핸들링		난이도 ★★★
메뉴 033	**'8'자로 드리블하기**	인 원 1인~
		장 소 어디에서나 가능

목적
낮은 자세로 공을 튕기는 감각을 몸에 익힌다. 짧은 드리블로 드리블의 테크닉을 갈고닦는다.

순서
① 짧게 공을 튕기며 가랑이를 통해 한쪽으로 공을 옮긴다.
② 짧은 드리블을 하며 8자를 그리듯이 가랑이를 통해 반대쪽으로 공을 옮긴다.

지도자 MEMO
손가락 끝으로 공을 컨트롤해야 한다. 공이 튕기지 않고 멈춰 버리면 공을 강하게 때려 띄운 후, 다음 연습을 재개한다.

메뉴 034	볼핸들링	난이도	★
		인 원	1인~
		장 소	어디에서나 가능

앞에서 양손으로 튕기고 뒤에서 잡기

목적
드리블을 비롯해 공을 다룰 때의 힘 조절과 컨트롤 능력을 높인다.

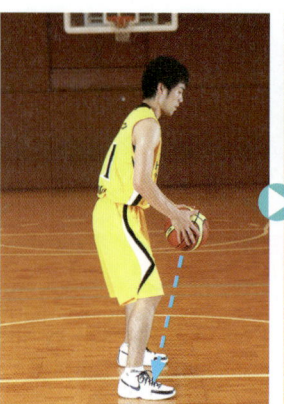 

순서
① 몸의 정면에서 공을 잡고 양발의 중앙에서 공을 튕긴다.
② 양손을 뒤로 돌려 공을 잡는다.

지도자 MEMO 공을 뒤에서 잡을 수 있도록 튕기는 컨트롤 능력과 공이 벗어나도 그것을 감지해 확실하게 잡을 수 있는 조정 능력이 높아진다. 뒤에서 잡을 수 있게 되면 공을 다시 한 번 튕겨 앞에서 잡는다.

메뉴 035	볼핸들링	난이도	★★
		인 원	1인~
		장 소	어디에서나 가능

앞에서 공 던져 뒤에서 잡기

목적
메뉴 034와 마찬가지로 놀이하듯이 즐기면서 할 수 있다. 공을 다룰 때의 힘 조절과 컨트롤 능력을 높인다.

순서
① 몸의 정면에서 공을 잡고 양손으로 공을 던져 올린다.
② 양손을 뒤로 돌려 공을 잡는다.

지도자 MEMO 공을 뒤에서 잡을 수 있도록 던지는 컨트롤 능력과 공이 벗어나도 그것을 감지해 잡을 수 있는 조정 능력이 높아진다. 뒤에서 공을 잡을 수 있게 되면 그 상태에서 공을 다시 던져 올려 앞에서 잡는다.

메뉴 036 · 볼핸들링

앞뒤로 다리 벌려 공 튕기기

난이도	★★
인원	1인~
장소	어디에서나 가능

목적
실전에서도 효과적인, 가랑이를 통과해 공을 바꿔 잡는 감각을 익힌다.

순서
① 양발을 앞뒤로 벌리고 그 중앙에서 공을 튕긴다.
② 반대편에서 그 공을 잡는다.
③ 그대로 중앙에서 다시 공을 튕겨 반대쪽 손으로 보낸다.

지도자 MEMO: 공을 리드미컬하면서 빠르게 이동시킬 수 있게 하는 것이 포인트다. 눈앞에 수비수가 있다고 상상하면서 연습하자.

메뉴 037 · 볼핸들링

한쪽 무릎 사이로 공 통과시키기

난이도	★★
인원	1인~
장소	어디에서나 가능

목적
고관절의 유연성을 키우면서 드리블 감각을 몸에 익힌다.

순서
① 양다리를 앞뒤로 벌리고 한쪽 무릎을 땅에 댄다.
② 양다리 사이로 공을 튕겨 반대쪽 손으로 보낸다.

지도자 MEMO: 농구에서는 고관절의 유연성이 매우 중요하다. 그래서 스트레칭을 겸해 실시하는 볼핸들링도 효과적이다. 워밍업에도 최적의 연습이라고 할 수 있다.

볼핸들링	난이도 ★★★
메뉴 038 **다리 벌리고 앉아 공 돌리기**	인 원 1인~
	장 소 어디에서나 가능

목적
손으로 공을 컨트롤하는 능력과 스트레칭을 겸함으로써 고관절 주위의 유연성을 높인다.

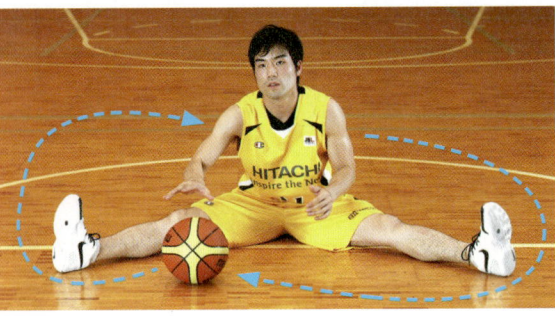

순서
① 양다리를 크게 벌리고 앉는다.
② 그 주위로 공을 굴리면서 한 바퀴 돌린다.

■ 다리를 크게 벌리고 앉는다. 공을 굴려 몸 주위를 한 바퀴 돌린다. 한 바퀴 돌린 다음에는 반대 방향으로도 똑같이 실시한다.

 다리를 벌리고 앉은 채 공을 굴릴 수 있으면 공을 튕기면서 몸 주위로 돌려보자. 볼 컨트롤 능력과 유연성이 더욱 필요하다.

볼핸들링	난이도 ★★★
메뉴 039 **교대로 다리 들면서 공 튕기기**	인 원 1인~
	장 소 어디에서나 가능

목적
손으로 공을 컨트롤하는 능력을 키우면서 특히 배 주위의 근력을 향상시킨다.

순서
① 앉아서 양다리를 들어올린다. 한쪽 다리를 올리고 그 아래로 공을 바운드시켜 이동시킨다.
② 같은 요령으로 다른 쪽 다리를 들고 공을 이동시킨다. 이것을 반복한다.

 복근을 함께 단련할 수 있는 볼핸들링 연습이다. 단순히 복근만 단련시키는 트레이닝은 집중하기 어려울 수도 있지만 공을 사용하면 즐겁게 할 수 있게 된다.

볼핸들링		난이도 ★★★
메뉴 040	손가락 끝으로 공 돌리기	인원 1인~
		장소 어디에서나 가능

목적

놀이하듯이 즐기면서 공을 다루는 감각을 높인다.

순서

① 손가락 끝에 공을 올려놓고 회전시킨다.
② 공의 회전이 멈출 것 같으면 반대쪽 손으로 공에 회전을 준다.

지도자 MEMO
볼핸들링 연습에는 실전에서 사용하지 않는 테크닉도 포함되어 있다. 하지만 공을 움직이는 여러 가지 방법을 익히는 것이 실전적인 연습을 익히는 데 도움이 된다.

볼핸들링		난이도 ★★★
메뉴 041	손으로 공 돌리기	인원 1인~
		장소 어디에서나 가능

목적

메뉴 040과 마찬가지로 놀이하듯이 즐기면서 공을 다루는 감각을 높이는 것이 주된 목적이다. 공이 손에서 떨어지지 않도록 하면서 손목을 이용해 공을 돌린다.

순서

① 먼저 손바닥에 공을 올려놓는다.
② 손목을 안쪽으로 젖히면서, 공을 손에서 떨어지지 않는 범위에서 가볍게 띄운다.
③ 그 흐름을 유지한 상태로 손목을 회전시키면서 손가락의 바깥쪽과 안쪽으로 공을 돌린다.

지도자 MEMO
위의 메뉴와 마찬가지로, 포인트는 공의 중심을 파악하는 것이다.

드리블의 기초 기술

투 볼 볼핸들링

얼굴
시선은 앞을 향하고 시야는 넓게 유지한다.

주로 사용하지 않는 손
아무래도 드리블이 약해지기 쉽지만, 주로 쓰는 손과 마찬가지로 강하게 드리블한다.

공을 튕기는 법
익숙해질 때까지는 좌우 모두 똑같은 타이밍에 드리블을 한다.

[기술 해설] 양손을 균등하게 사용할 수 있도록

볼핸들링을 향상시킬 때 중요한 점은 양손을 모두 사용할 수 있게 만드는 것이다. 주로 쓰는 손으로만 연습을 하기 쉽기 때문에, 양손을 균등하게 사용할 수 있게 하는 연습이 공 두 개를 동시에 다루는 투 볼 볼핸들링 연습이다. 난이도는 높아지지만, 공 하나로 볼핸들링을 하는 것과 마찬가지로 공을 보지 않고도 정확하게 컨트롤할 수 있도록 노력하자.

▶▶▶ 투 볼 볼핸들링의 포인트 ①

POINT 01 앞을 보면서 허리를 낮추고 좌우 동시에 공을 튕긴다.

[해설] 처음에는 동시에 공을 튕긴다.

투 볼 볼핸들링 중에서 가장 기본적인 방식이 그 자리에서 양손으로 좌우 동시에 공을 튕기는 것이다. 허리를 확실하게 낮추고 시선은 앞을 향한 채 리드미컬하게 드리블한다.

▶▶▶ 투 볼 볼핸들링의 포인트 ②

POINT 02 오른쪽 공이 위에 있으면 왼쪽 공은 아래와 같이 번갈아 공을 튕긴다.

[해설] 교대로 공을 튕길 수 있도록 한다.

좌우 동시에 공을 튕기는 볼핸들링을 할 수 있게 되었다면 다음에는 교대로 공을 튕길 수 있도록 연습하자. 기본적인 자세는 공을 동시에 튕길 때와 같다. 허리를 낮추고 시선은 앞을 향한 상태에서 같은 드리블 높이를 유지하며 정반대의 타이밍에 왼손과 오른손의 공을 튕긴다.

▶▶▶ 투 볼 볼핸들링의 포인트 ③

POINT 03 오른쪽 공은 허리, 왼쪽 공은 무릎과 같이 좌우 높이를 바꿔가며 공을 튕긴다.

[해설] 좌우 높이를 다르게 하여 드리블한다.

한 단계 더 나아가 좌우 높이가 다른 드리블에도 도전해 보자. 기본적인 자세에서 오른쪽은 허리 정도, 왼쪽은 무릎 정도와 같이 높이를 바꿔가며 공을 튕긴다. 물론 좌우 어느 쪽 손으로도 똑같이 드리블할 수 있게 되는 것이 가장 이상적이다. 오른손은 높게 왼손은 낮게 드리블할 수 있게 되었다면 반대로 오른손은 낮게, 왼손은 높게 드리블하는 연습도 실시하자.

볼핸들링

메뉴 042

양쪽 공을 동시에 튕기며 전진하기

난이도	★★
인 원	1인~
장 소	어디에서나 가능

목적

공 두 개를 동시에 다룸으로써 어느 쪽 손으로도 드리블할 수 있게 한다.

순서

① 양손에 공을 들고 동시에 바닥에 튕긴다.
② 드리블하면서 앞으로 나아간다.

지도자 MEMO 공 두 개의 높이를 맞춰가며 주의해서 드리블한다. 얼굴을 들고 공은 되도록 보지 않으면서 조금씩 속도를 높여 나가자.

볼핸들링

메뉴 043

양쪽 공을 번갈아 튕기며 전진하기

난이도	★★
인 원	1인~
장 소	어디에서나 가능

목적

메뉴 042와 마찬가지로 어느 쪽 손으로도 드리블할 수 있게 하기 위한 연습이다. 공을 번갈아 튕기면 난이도가 높아진다.

순서

① 양손에 공을 들고 번갈아 바닥에 튕긴다.
② 번갈아 공을 튕기면서 앞으로 나아간다.

지도자 MEMO 공 두 개를 번갈아 튕기면서 일정한 리듬으로 전진한다. 어느 한 쪽 손의 드리블이 약해지면 리듬이 흐트러지므로 주의하자.

메뉴 044	볼핸들링	난이도 ★★★
	양쪽 공을 서로 다른 리듬으로 드리블하며 전진하기	인원 1인~
		장소 어디에서나 가능

목적
왼손과 오른손이 다른 행동을 함으로써 양손의 컨트롤 능력이 높아진다.

순서
① 양손에 공을 들고 한쪽은 크게, 다른 한쪽은 작게 바닥에 튕긴다.
② 좌우 높이(리듬)를 다르게 드리블하면서 앞으로 나아간다.

 지도자 MEMO 한쪽 손으로는 크게 공을 튕기고, 다른 쪽 손으로는 작게 공을 튕긴다. 일정 횟수를 마쳤으면 좌우를 교대한다. 간단해 보이지만 오른손과 왼손이 다른 행동을 하는 것은 쉬운 일이 아니다. 자연스럽게 움직일 수 있도록 반복 연습하자.

■ 한쪽 손은 높게, 다른 한쪽 손은 낮게 드리블하면서 앞으로 나아간다.

메뉴 045	볼핸들링	난이도 ★★★
	양쪽 공을 동시에 튕기며 턴하기	인원 1인~
		장소 어디에서나 가능

목적
어느 쪽 손으로도 똑같이 드리블할 수 있도록 하기 위한 메뉴의 변형이다. 공 두 개를 동시에 다루면서 뒤로 돈다. 앞으로 나아가는 것보다 난이도가 높다.

순서
① 양손으로 드리블한다.
② 드리블을 계속하면서 뒤로 돈다.

 지도자 MEMO 공 두 개를 동시에 다루면서 뒤로 돌아 방향 전환을 꾀한다. 공이 서로 부딪치지 않도록 주의할 필요가 있다. 처음에 오른쪽으로 돌았으면 다음에는 왼쪽으로 돌자.

드리블의 기초 기술

드리블의 기본자세

얼굴
얼굴을 똑바로 들고 주위를 잘 살필 것. 이것을 '페이스업'이라고 한다.

왼손
드리블하지 않는 쪽의 손은 수비를 막기 위해 앞으로 내민다. 이것을 '암 프로텍션'이라고 한다.

무릎
언제든지 움직일 수 있도록 무릎을 유연하게 사용한다.

[기술 해설] 공을 몸으로 지킨다.

드리블이라고 해도 종류가 다양하기 때문에 실전에서는 상황에 따라 적절하게 사용할 필요가 있다. 하지만 이것은 모두 기본자세에서 발전한 것으로, 기본자세를 먼저 철저하게 익히지 않으면 드리블 기술을 향상시킬 수 없다.
드리블의 기본자세에서 중요한 점은 얼굴을 들어 시야를 넓게 유지하고 공을 몸으로 철저하게 지키는 것이다. 또 무릎을 유연하게 사용해 언제든지 움직일 수 있는 자세를 취하는 것도 중요한 포인트다.

▶▶▶ 드리블의 기본자세 포인트 ①

POINT 01 얼굴을 똑바로 들고, 드리블하지 않는 쪽 손을 앞으로 내민다.

[해설] 공을 확실하게 컨트롤한다.

농구에서의 기본은 최대한 수비수에게서 먼 위치에서 공을 다루는 것이다. 이것은 드리블에서도 마찬가지이며, 공을 지키기 위해 드리블하지 않는 쪽 손을 앞으로 내민다. 또한 얼굴을 들어 주위의 상황을 살펴야 하기 때문에 공을 보지 않고 다루는 볼핸들링 능력도 필요하다.

▶▶▶ 드리블의 기본자세 포인트 ②

POINT 02 앞으로 내민 손은 필요 이상으로 들지 않는다.

[해설] 자세가 흐트러지지 않도록 주의한다.

수비수에게서 공을 지키는 것은 중요한 일이지만, 수비를 지나치게 의식한 나머지 앞으로 내민 손을 너무 위로 드는 것은 좋지 않다. 이렇게 하면 중심이 한쪽으로 쏠려 전체의 균형이 무너지기 때문에 다음 동작으로 즉시 연결할 수 없게 된다.

▶▶▶ 드리블의 기본자세 포인트 ③

POINT 03 드리블하는 손이 오른손이든 왼손이든 기본자세는 변함없다.

[해설] 어느 쪽 손으로든 똑같이 공을 다룬다.

가장 바람직한 것은 주로 사용하는 손과 사용하지 않는 손이 같은 수준으로 드리블할 수 있게 되는 것이다. 드리블하는 손이 오른손이든 왼손이든 드리블의 기본자세는 변함이 없다. 똑바로 얼굴을 들고, 드리블하지 않는 쪽 손을 앞으로 내민다.

 드리블

메뉴 046 프런트 체인지

난이도	★
인 원	1인~
장 소	어디에서나 가능

목적
실전에서 단순한 드리블로는 좀처럼 공을 잘 다룰 수 없다. 따라서 드리블의 종류를 늘릴 필요가 있다. 공을 몸 앞에서 튕겨 공을 잡은 손의 위치를 바꾸는 이 움직임은 가장 기본적인 패턴이라 할 수 있다.

순서
① 한쪽 손으로 공을 튕긴다.
② 몸 앞에서 공을 튕겨 반대쪽으로 공을 이동시킨다.
③ 그대로 반대쪽 손으로 공을 튕겨 드리블을 계속한다.

■ 드리블하면서 앞으로 나아간다. ■ 공을 다른 쪽 손으로 보내기 위해 몸 앞에서 공을 튕긴다.

■ 다른 쪽 손으로 공을 받는다. ■ 그대로 드리블을 계속한다.

 지도자 MEMO
이 드리블은 실전에서 자주 사용되지만, 공을 자신의 몸 앞에서 이동시키기 때문에 수비수가 가로채기를 시도하기도 한다. 타이밍을 재서 손을 내미는 수비수도 있으므로 상대방의 대응을 잘 살펴가며 사용하도록 하자.

 NG
드리블하는 동안 공을 손에 올려놓고 있는 자세로 있으면 바이얼레이션(반칙)이 되어 상대방에게 공을 빼앗기게 되니 주의하자.

드리블

메뉴 047 인사이드 아웃

난이도	★
인원	1인~
장소	어디에서나 가능

목적

한 손으로 안쪽으로 튕기는 척하면서 바깥쪽으로 튕기는 드리블을 몸에 익힌다. 프런트 체인지(80페이지)로 가장한 페인트도 된다.

순서

① 한쪽 손으로 공을 튕긴다.
② 프런트 체인지로 보이도록 바깥쪽에서 안쪽으로 공을 움직이려는 자세를 취한다.
③ 안쪽으로 공을 튕기지 않고 바깥쪽으로 튕긴다.
④ 원래 드리블하던 손으로 드리블을 계속한다.

■ 드리블하면서 앞으로 나아간다.   ■ 프런트 체인지 동작을 보인다.

■ 안쪽이 아닌 바깥쪽으로 공을 튕긴다.   ■ 그대로 드리블을 계속한다.

 지도자 MEMO 프런트 체인지를 하려고 하면 수비수가 손을 뻗어 공을 가로채려 한다. 그럴 때 효과적으로 사용할 수 있는 기술이 안쪽에서 바깥쪽으로 공을 이동시키는 인사이드 아웃이다. 좌우 어느 쪽으로 이동할지 상대방이 읽지 못하도록 하는 것이 중요한 포인트다.

 NG 이 드리블 역시 공을 이동시킬 때 손에 올려놓은 듯한 모습이 되지 않도록 주의하기 바란다. 공의 위쪽 절반을 사용하는 것이 포인트다.

드리블

메뉴 048 턴 어라운드

난이도	★★
인원	1인~
장소	어디에서나 가능

목적

수비수에게 공을 빼앗기지 않도록 다양한 드리블을 몸에 익히기 위한 변형 중 하나다. 몸을 뒤로 돌리는 드리블은 수비수가 공을 빼앗으러 앞으로 나왔을 때 효과적이다.

순서

① 드리블을 한다.
② 바운드에 맞춰 몸을 뒤로 돌린다.
③ 다른 쪽 손으로 공을 튕긴다.
④ 그대로 드리블을 계속한다.

■ 한쪽 손으로 드리블한다.　　■ 바운드 타이밍에 맞춰 몸을 뒤로 돌린다.

■ 재빨리 몸을 뒤로 돌린다. 얼굴은 든 상태를 유지한다.　　■ 다른 쪽 손으로 공을 바꿔 잡고 드리블을 계속한다.

지도자 MEMO
수비수가 공을 가로채려 앞으로 나온 상황을 상상하며 공을 몸으로 감추듯이 뒤로 돌 것. 자세가 흐트러지지 않도록 몸 중앙의 축을 의식한다. 몸을 뒤로 돌린 뒤 다른 쪽 손으로 드리블을 계속하는 방법과 뒤로 돌 때와 같은 손으로 드리블을 계속하는 방법이 있다. 두 가지를 상황에 맞게 사용하자.

Basketball Column 01 과거에는 충격적이었던 테크닉이 이제는 기본 기술로

내가 선수로 활동하던 시절, 미국 원정에서 처음으로 이 드리블을 봤을 때는 그야말로 충격이었다. 그것을 흉내 내며 수없이 연습했는데, 이제는 기본 기술의 하나가 되었다. 현대 농구의 드리블 기술 수준이 향상되었음을 느끼게 하는 사례 중 하나다.

메뉴 049	드리블	난이도 ★★
	레그스루	인원 1인~
		장소 어디에서나 가능

목적
양다리 사이로 공을 튕겨, 드리블하는 손을 바꾸는 방법의 패턴을 늘린다.

순서
① 드리블을 한다.
② 양다리 사이로 공을 튕긴다.
③ 다른 손으로 공을 옮긴다.
④ 그대로 드리블을 계속한다.

■ 먼저 한쪽 손으로 드리블한다.

■ 양다리 사이로 공을 튕긴다.

■ 다른 쪽 손으로 공을 옮긴다.

■ 그대로 드리블을 계속한다.

지도자 MEMO
낮은 자세를 유지하는 것이 포인트. 공을 양다리 사이로 통과시킬 때 공이 다리에 부딪치지 않도록 주의하자. 처음에는 멈춘 상태에서 연습하고 다음에는 움직이면서 드리블, 그런 다음 수비수를 붙여서 연습하면 리듬을 파악할 수 있을 것이다.

Basketball Column 02
화려할 뿐만 아니라 실용성도 있다.
좌우로 공을 이동시키는 것만이라면 프런트 체인지로 충분하다고 생각할지 모른다. 특히 레그스루는 언뜻 화려해 보일 수 있는 플레이인 만큼 싫어하는 사람도 있을 것이다. 그러나 수비수와의 거리가 좁을 때에는 레그스루를 사용하는 것이 효과적이니 꼭 익히도록 하자.

난이도	★★★
인 원	1인~
장 소	어디에서나 가능

드리블

메뉴 050 비하인드 백드리블

목적
다양한 드리블을 몸에 익히기 위한 변형 중 하나다. 등 뒤로 공을 튕기기 때문에 난이도가 높지만 중요한 순간에 긴요하게 사용할 수 있다.

■ 먼저 한쪽 손으로 드리블한다.
■ 등 뒤를 통해 등 쪽에서 공을 튕긴다.

순서
① 드리블을 한다.
② 허리를 낮추고 등 쪽에서 공을 튕긴다.
③ 다른 쪽 손으로 공을 옮긴다.
④ 그대로 드리블을 계속한다.

■ 다른 쪽 손으로 공을 옮긴다.
■ 그대로 드리블을 계속한다.

 MEMO
드리블 중에서도 특히 어려운 드리블 중 하나다. 이것은 공이 몸의 정면이 아니라 등 뒤에 있는 시간이 길기 때문이다. 손목이나 어깨를 유연하게 사용해 재빨리 공을 이동시키는 것이 포인트다.

 NG
밀집된 장소에서 이 드리블을 사용하면 옆이나 뒤에서 손을 뻗어 공을 가로채고 만다. 그러므로 공간이 확실하게 확보된 상황에서 사용하는 편이 좋을 것이다.

드리블

메뉴 051 체인지 오브 페이스

난이도 ★
인 원 1인~
장 소 어디에서나 가능

목적

드리블로 상대방을 제칠 때는 속도의 완급을 조절하는 것도 효과적이다. 연습을 통해 드리블의 완급을 조절할 수 있도록 노력하자. 상대가 있는 편이 타이밍을 파악하기 쉽지만 혼자서도 할 수 있다.

■ 드리블하며 전진한다.

■ 멈추면 이에 대응하고자 수비수의 자세가 높아진다.

순서

① 드리블하며 전진한다.
② 멈춰서 수비수의 자세를 높게 만든다.
③ 수비수의 틈을 봐서 갑자기 속도를 높인다.
④ 그대로 드리블 해 상대방을 제친다.

■ 자세를 낮추고 급히 속도를 높인다.

■ 그대로 상대방을 제치고 드리블을 계속한다.

지도자 MEMO
수비수를 제칠 때 잊지 말아야 하는 것이 '속도의 변화'다. 드리블의 완급이라는 표현도 자주 사용된다. 느리게 가다가 갑자기 빠르게, 반대로 빠른 드리블에서 갑자기 속도를 줄이면 수비수와의 사이를 넓힐 수 있다.

Basketball Column 03 — 중요한 것은 자신의 최고 속도를 내는 타이밍

달리는 속도가 빠르다고 해서 상대방을 제칠 수 있는 것은 아니다. 반대로 달리는 속도가 느려도 상대방을 제칠 수 있다. 포인트는 어떻게 속도의 변화를 주느냐다. 자신의 최고 속도를 내는 타이밍을 연구하자.

| 드리블&슛 | 난이도 ★★ |
| 장소 하프코트 | 인원 1인~ |

메뉴 052 지그재그로 드리블 후 슛

목적

드리블로 부드럽게 방향을 전환할 수 있게 됨과 동시에 슛까지 연결시키는 움직임을 몸에 익힌다.

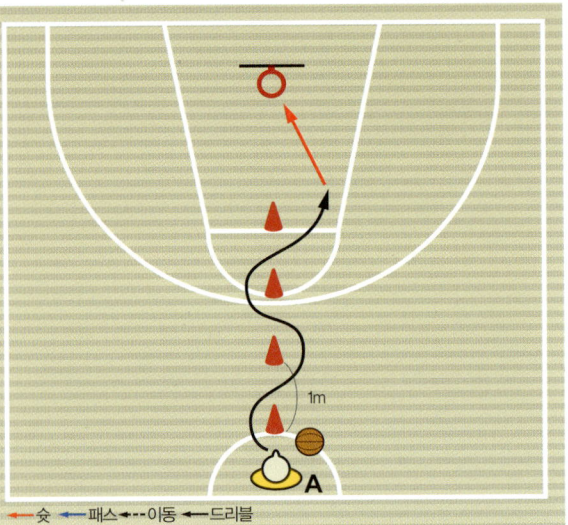

순서

① 그림과 같이 고깔을 놓고 그 사이를 지그재그로 드리블하며 전진한다.
② 드리블을 끝냈으면 점프슛을 한다.

 지도자 MEMO

제한된 연습 시간을 효과적으로 활용하기 위해 이와 같이 드리블과 슛 연습을 겸하는 방법도 있다. 이렇게 하면 드리블하는 동안 골을 의식하는 습관도 든다. 드리블의 종류를 바꾸면서 연습하자.

원포인트 어드바이스

드리블을 끝낸 뒤 슛으로 연결시킬 때도 다양한 패턴을 시도하자. 드리블 후 점프슛이 아니라 그대로 레이업슛으로 연결시킬 수도 있다. 다양한 득점 패턴을 만들기 바란다.

 **Basketball Column 04 목적에 맞춰 고깔의 위치를 조절한다.**

위와 같이 고깔을 사용하는 메뉴에서는 목적에 맞춰 고깔의 위치를 바꾸는 것도 하나의 포인트다. 예를 들어 고깔 사이를 좁히면 밀집 지역에서 도움이 되는 세밀한 드리블을 할 수 있게 되며, 반대로 간격을 넓히면 속도를 높인 드리블을 익힐 수 있다. 또한 이것을 복합적으로 실시하기 위해 고깔의 간격을 불규칙하게 놓는 것도 하나의 아이디어다. 지도자는 물론 선수도 그 메뉴의 목적을 의식하며 연습에 몰두하자.

드리블&슛

난이도	★★
인원	1인~
장소	하프코트

메뉴 053 45도 위치의 고깔을 통과해 슛

목적

수비수 대신 세워 놓은 고깔을 드리블로 제치고 그대로 레이업슛으로 연결시킨다.

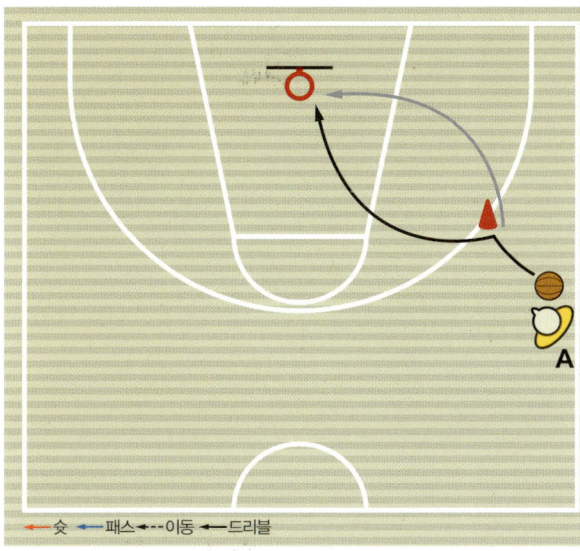

순서

① 그림과 같이 45도 위치에 고깔을 놓고 그 고깔을 향해 드리블한다.
② 고깔을 수비수라고 생각하고 다양한 드리블 기술(메뉴 46~51)로 제친 다음 그대로 레이업슛(44페이지)을 한다.

 변형

고깔 앞에서 잽스텝을 밟고 그 후 단숨에 드리블로 제치는 연습에도 도전해 보자.

 지도자 MEMO

골에 가까워질수록 드리블하기 어려워진다. 따라서 최소한의 드리블 후 슛으로 연결시킨다는 생각을 항상 가진다. 첫 번째 스텝을 크게 내딛는 것이 중요 포인트다.

원포인트 어드바이스

골을 향해 나아가는 드리블을 '드라이브인'이라고도 부른다. 내가 가장 중요시하는 플레이 중 하나다. 이때 포인트가 되는 것은 드리블을 강하게 하는 것이다. 약한 드리블은 상대방에게 빼앗길 가능성이 높다.

Basketball Column 05 슛을 하기 전에 양손으로 공을 잡는 테크닉도 있다.

드리블을 구사하며 골을 향해 과감하게 돌진하는 장면은 보기만해도 짜릿하다. 공격수는 힘찬 드리블로 수비수에게 공을 빼앗기지 않으려는 한편 수비수는 어떻게해서든 그 공을 건드리려는 공방이 펼쳐진다.

정상급 경기에서는 드리블에서 슛으로 연결시킬 때 수비수에게 공을 빼앗기지 않도록 양손으로 끌어안듯이 잡는 플레이가 종종 보인다. 그 후 한 손 슛으로 연결시키는 것인데, 더욱 수준 높은 테크닉이 요구되는 플레이다.

드리블

메뉴 054 올코트에서의 1 대 1

난이도	★★
인 원	2인~
장 소	올코트

목적

드리블 테크닉을 갈고닦기 위한 종합적인 메뉴. 드리블하는 선수에게는 다양한 드리블 방법과 스피드의 완급 조절이 요구된다.

■ 기본은 올코트에서의 1 대 1이다. 드리블하는 선수(A)는 수비수(B)와 대치한다.

■ A는 각종 드리블을 구사하며 B를 제친다.

■ B도 A가 통과하지 못하도록 필사적으로 마크한다.

■ A는 B를 제쳐 슛을 하거나 속도를 늦춰 다시 대치한다.

순서

① 드리블하는 선수(A)는 공을 가지고 있고, 수비하는 선수(B)는 A를 마크한다.
② A는 각종 드리블을 구사하며 B를 제친다.
③ A는 B를 제친 후 슛으로 연결하거나, 상대와의 간격을 벌린다고 생각하며 속도를 줄여 B가 따라붙은 상태에서 다시 1 대 1을 시작한다.

지도자 MEMO 드리블의 목적은 앞으로 나아가는 것만이 아니다. 일단 뒤로 물러나 상대와의 간격을 벌리는 것도 중요한 포인트다. 그렇게 하면 주위가 잘 보이게 되어 드리블로 나아가야 할 코스도 정확하게 판단할 수 있게 된다.

원포인트 어드바이스
1 대 1 연습 중 드리블을 실수하더라도 실망할 필요는 없다. 실망하기 전에 루즈볼을 줍는 데 집중하자. 설령 상대방에게 공을 빼앗기더라도 수비를 열심히 하면 된다.

메뉴 055 — 드리블: 1 대 2

- 난이도: ★★★★
- 인원: 3인~
- 장소: 하프코트

목적
혼자서 두 명의 수비수를 제치는 능력은 커다란 무기가 된다. 그 감각을 익히기 위해 두 명의 중간 지점을 드리블로 돌파한다.

■ 기본은 1 대 2다. 수비수 중 한 명(B)은 공을 가진 선수(A)를 마크하고, 다른 한 명(C)은 조금 뒤에서 수비 자세를 취한다.

■ 뒤에서 자세를 취하던 C가 A에게 접근한다.

■ A는 수비수 두 명 사이를 노린다.

■ 그대로 드리블로 돌파한다.

순서
① 공격하는 선수(A)가 드리블한다.
② 수비측(B, C)은 실전처럼 B는 A를 마크하고 C는 조금 뒤에서 수비 자세를 취한다.
③ C는 B를 돕기 위해 A에게 접근한다.
④ A는 타이밍을 봐서 B와 C의 사이를 드리블로 돌파한다.

지도자 MEMO
수비수 두 명을 제치기 위해서는 두 수비수의 중간 지점을 드리블로 돌파해야 한다. 다만 수비수 두 명이 중앙을 수비하고 있다면 둘 중 한쪽으로 돌파하는 테크닉도 필요하다.

변형
공격수 한 명과 수비수 두 명이 공방을 벌이는 가운데 수비수가 공을 빼앗는 순간 2 대 1의 게임으로 전환하는 연습 방법도 효과가 있다. 실전 형식의 연습으로 드리블을 향상시키자.

드리블

메뉴 056 서클 드릴

난이도 ★★
인 원 2인~
장 소 하프코트

목적
코트 안의 서클을 이용해 놀이하듯이 즐기면서 드리블 기술을 갈고닦는다. 상대방의 상황을 봐야 하기 때문에 시야를 넓게 유지하는 연습도 된다.

■ 두 사람이 하는 메뉴. 서클 안에서 각자 드리블을 하며, 상대방의 공을 빼앗거나 서클 밖으로 내보내면 승리한다.

순서
① 두 사람이 실시한다. 각자 공을 들고 서클 안으로 들어간다.
② 상대방의 공을 빼앗는다.
③ 공을 빼앗거나 서클 밖으로 내보내면 승리.

지도자 MEMO

드리블 기술을 향상시키는 데 중요한 것은 실전처럼 연습하는 것과 '즐기는 것'이다. 이 메뉴에서처럼 놀이하듯이 연습을 늘리면 선수의 의욕이 상승할 것이다. 타이밍을 생각해 도입하자.

원포인트 어드바이스
대회 기간 중이나 경기가 거듭되는 시기에는 볼핸들링이나 드리블 게임 등을 도입하기 어려울지도 모른다. 그러므로 경기가 끝난 뒤에, 또는 비어 있는 시간을 효과적으로 활용하는 것이 매우 중요하다.

제3장
패스
Pass

공격을 할 때 패스는 매우 중요한 역할을 한다. 그런 만큼 패스 돌리기는 확실하게 연습해 둬야 한다. 팀 전체가 협력해 연습하자.

체스트 패스

공의 위치
가슴 위치에서 공을 던진다.

한쪽 발
한쪽 발을 패스할 방향으로 내딛는다.

손목
손목의 스냅을 살려 백스핀을 주면서 패스한다.

[기술 해설] 강하고 빠른 패스를 한다.

강하고 빠른 패스는 공격을 하는 데 있어 매우 중요한 테크닉이다. 패스에도 여러가지 방법이 있는데 그 중 자신의 가슴(체스트) 위치에서 보내는 패스를 '체스트 패스'라고 부른다. 체스트 패스는 양손을 쓰는 만큼 가장 정확한 패스로 알려져 있다.
체스트 패스의 포인트는 공에 백스핀을 주면서 강하고 빠르게 패스하는 것이다. 약하고 느린 패스는 수비에게 가로채기를 당하므로 평소 연습할 때부터 강하고 빠른 패스를 하도록 주의하자.

▶▶▶ 체스트 패스의 포인트 ①

POINT 01 패스를 하는 쪽을 향해 한쪽 발을 내딛고 가슴 위에서 공을 보낸다.

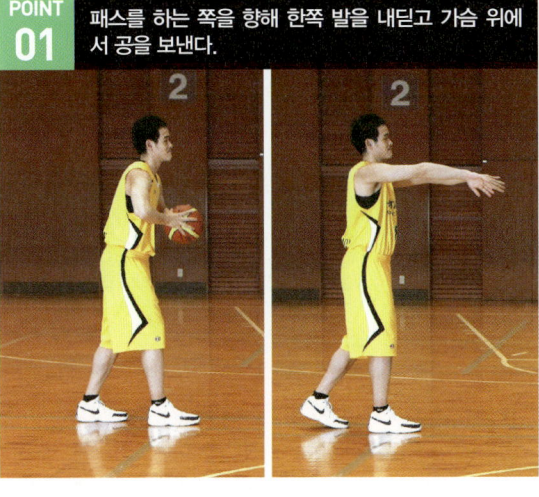

[해설] 자신의 가슴 위치에서 양손으로 던진다.

한쪽 발을 앞으로 내딛으면서 가슴 부근에서 양손으로 패스를 한다. 손목의 스냅을 살려 백스핀을 주는 것은 받는 사람에게 쉽게 전달하기 위해서다. 실전에서는 되도록 빠른 패스가 필요하므로 이를 의식하며 연습하자.

▶▶▶ 체스트 패스의 포인트 ②

POINT 02 받는 선수가 쉽게 받을 수 있도록 가슴 위치로 보내는 것이 이상적이다.

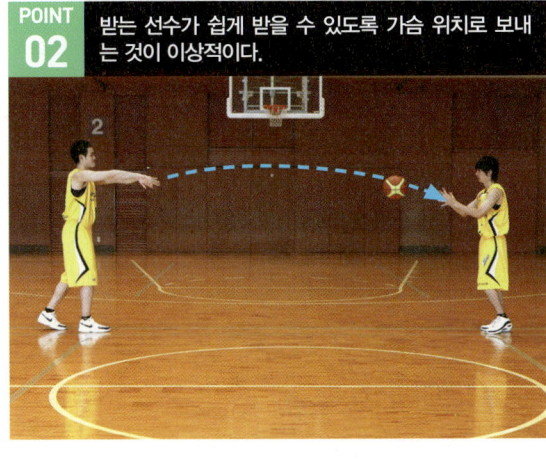

[해설] 상대방의 가슴을 향해 패스를 한다.

체스트 패스는 공을 상대방이 쉽게 받을 수 있고 받는 즉시 다음 동작에 들어갈 수 있도록 받는 선수의 가슴을 향해 던지는 것이 기본이다. 마주 보고 연습할 때는 패스 코스가 빗나가지 않도록 주의하면서 리드미컬하게 교대로 패스를 한다.

STEP BY STEP Basketball 패스 속도 연습 때부터 빠른 패스를

일본의 농구 수준을 생각하면 혼자서 공을 옮기는 테크닉, 즉 드리블 테크닉은 눈부신 진보를 이룬 반면 패스의 테크닉은 조금 뒤처진다는 인상을 받는다.

평소 연습할 때의 패스 속도가 느리면 그 나쁜 버릇이 경기에서도 나와 공을 빼앗기는 실수로 이어진다. 속도가 빨라지면 받는 사람도 어려워질 수 있지만, 패스를 하는 선수와 받는 선수의 호흡을 정확하게 맞추면서 패스 기술을 향상시켜 나가자.

패스의 기초 기술

기술해설: 원 핸드 패스

던지는 법
발을 내디딘 자세 그대로 한쪽 손으로 손목의 스냅을 살리며 던진다.

발을 내딛는 법
공을 가지고 있는 쪽과 반대쪽 발을 내딛는 패턴도 있다.

발 내딛기
눈앞에 있는 수비수를 피하기 위해 한쪽 발을 크게 내딛는다.

[기술 해설] 한쪽 발을 내딛으며 던진다.

수비수가 눈앞에 있는 경우, 옆으로 발을 내딛으면서 한 손으로는 공을 상대방에게서 먼 곳으로 던지는 기술이 필요하다. 이것을 '원 핸드 패스'라고 한다. 한쪽 발을 내딛으면서 공을 던지는데, 공을 가지고 있는 쪽의 발을 내딛는 패턴과 반대쪽 발을 엇갈리게 내딛는 패턴이 있다. 상황에 맞게 사용하자.

패스의 기초 기술

베이스볼 패스

공의 위치
공은 어깨보다 높은 위치에 둔다.

POINT 01 공을 한 손으로 들고 던지는 자세를 취한다.

손목
최대한 빠른 모션으로 손목의 스냅을 살리며 던진다.

POINT 02 한 손으로 공을 던진다. 던질 때 손목의 스냅을 살린다.

[기술 해설] 최대한 재빨리 던진다.

먼 곳에 있는 자기 편 선수에게 공을 보내기 위해 자주 사용하는 방법이 '베이스볼 패스'다. 어깨 위치에서 던지는 패스로, 마치 야구에서 투수가 공을 던지는 듯한 모습이 된다. 자세가 너무 크면 시간이 길어져 수비가 대응을 하게 되므로 최대한 재빨리 던지도록 주의하자.

바운스 패스

내딛는 발
패스를 하고자 하는 방향을 향해 한쪽 발을 내딛는다.

손목
스냅을 살려 회전을 주며 바운드시킨다.

[기술 해설] 패스하는 타이밍에 주의

실전에서는 상황에 따라 공을 바닥에 한 번 바운드시킨 다음 받는 선수에게 공이 가도록 하는 테크닉이 필요하다. 이와 같은 패스를 '바운스 패스'라고 부른다.

경기에서 사용하는 빈도가 높으며, 수비수의 발 근처의 패스 코스를 노릴 때 또는 달려오는 선수의 타이밍을 맞출 때에 자주 사용하는 패스다. 공에 회전을 주는 방법을 연구해 효과적으로 사용하자.

▶▶▶ 바운스 패스의 포인트 ①

POINT 01 공을 던지고자 하는 방향으로 한쪽 발을 내딛고 양손에 스냅을 준다.

[해설] 스냅을 주며 백스핀을 건다.

바운스 패스는 회전을 주는 방법에 따라 다양한 종류가 있는데, 가장 기본적인 방식은 받는 선수의 가슴 위치에 오도록 백스핀을 줘 바운드시키는 것이다. 백스핀을 주면 바운드 후에 기세가 약해져 패스를 받기 쉬워진다.

▶▶▶ 바운스 패스의 포인트 ②

POINT 02 공을 바운드시키는 위치는 두 사람 간격의 3분의 2가 기준이다.

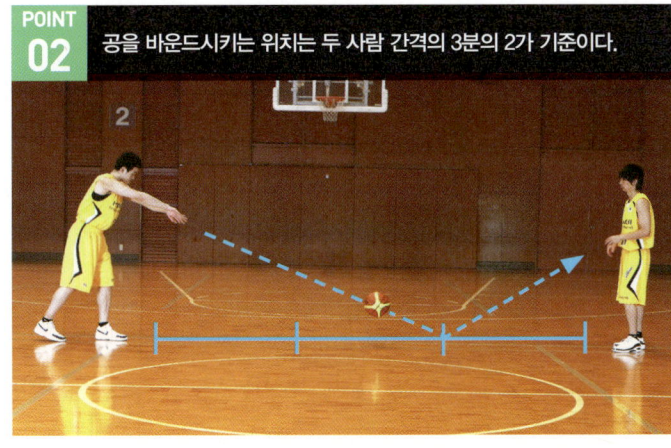

[해설] 바운드는 3분의 2가 기준이다.

백스핀을 걸어 바운드를 시킬 때의 위치는 받는 선수와의 간격 3분의 2가 기준이 된다. 바운드시키는 위치가 받는 선수 쪽에 가까우면 다리 쪽으로 공이 가 받기 어려워진다.

STEP BY STEP Basketball 바운스 패스의 회전 종류

횡방향으로 스핀을 주는 테크닉도 있다.

바운스 패스에서 공에 백스핀을 주면 바운드 후의 속도를 떨어트릴 수 있는데, 이와는 반대로 공에 톱스핀을 주면 바운드 후의 속도가 빨라진다. 또한 횡방향으로 공에 회전을 줘 받는 선수의 손 위치에 공이 오게 하는 테크닉도 있다. 회전의 방향과 강도를 바꾸면서 자신만의 감각을 익히도록 연습하자. 그리고 실전에서는 상황에 맞춰 여러 가지 변화를 주면 상대에게 잘 빼앗기지 않는 패스를 할 수 있을 것이다.

패스

메뉴 057 거리를 벌려 가는 2인 패스

난이도 ★★
인원 2인
장소 어디에서나 가능

목적

빠르고 정확한 패스를 할 수 있는 거리는 길수록 좋다. 그 힘을 키우기 위해 먼저 두 명이 서로 마주보고 가까운 거리에서부터 패스를 주고받는 연습을 한다. 익숙해지면 서서히 거리를 벌려 나간다.

- 먼저 두 명이 마주보고 체스트 패스(92페이지)를 주고받는다.
- 강하고 정확한 패스를 할 수 있게 되면 조금 거리를 벌린다.

- 조금 떨어진 위치에서 2인 패스를 한다.
- 그 거리에서도 패스가 닿게 되었다면 더욱 거리를 벌린다.

순서

① 두 명이 마주보고 패스를 주고받는다.
② 두 명 사이의 거리를 벌려 나간다.

지도자 MEMO
2인 패스는 언뜻 쉬워 보일지도 모른다. 그러나 패스 하나하나를 중요하게 여기며 강하고 빠른 패스를 하는 습관을 들이는 것은 어려운 일이다. 경기에서의 많은 패스미스가 이를 잘 말해 준다.

원포인트 어드바이스
거리가 길어지면 아무래도 패스의 궤도는 곡선을 그리게 된다. 한쪽 사이드 라인에서 반대쪽 사이드 라인까지 체스트 패스를 정확하고 강하게 할 수 있도록 연습하자. 다른 패스도 대면 연습을 거듭하기 바란다.

메뉴 058	패스	난이도 ★★
	패스한 방향으로 달리는 2인 패스	인원 3인~
		장소 어디에서나 가능

목적
패스를 했으면 즉시 움직이는 것이 기본이다. 패스 후 앞으로 달려나가는 습관을 들이자.

■ 마주보고 패스하며, 패스를 하는 즉시 반대쪽 줄 뒤에 선다.

순서
① 마주보고 줄을 선다.
② 패스를 했으면 바로 앞으로 달린다.
③ 패스를 한 쪽 줄 맨 뒤에 선다.

 지도자 MEMO
패스를 하는 즉시 움직이는 것을 '패스&고'라고 한다. 패스를 하기 위해 발을 내딛는 동작을 첫 번째 스텝으로 삼으면서 패스 후 즉시 움직이려는 생각을 가진다.

메뉴 059	패스	난이도 ★★
	뒤로 달렸다가 돌아오는 2인 패스	인원 2인~
		장소 어디에서나 가능

목적
실전에서는 패스를 한 다음 같은 방향으로 움직이는 플레이가 있는 반면 반대 방향으로 움직이는 플레이도 있다. 이런 움직임을 생각하며 패스한 후 즉시 뒤로 달린다.

■ 먼저 2인 패스를 한다. 패스를 했으면 즉시 뒤로 달려 사이드 라인에 터치한 다음 다시 돌아온다.

순서
① 두 명이 마주보고 2인 패스를 한다.
② 패스를 했으면 즉시 뒤로 달린다.
③ 일정한 거리(예를 들어 사이드 라인에 터치하는 등)를 달렸다가 되돌아와 다시 패스를 주고받는다.

 지도자 MEMO
패스를 하기 위해 앞으로 내디뎠던 발로 킥을 하며 재빨리 뒤로 움직이는 것이 포인트다. 체스트 패스뿐만 아니라 바운스 패스(96페이지) 등 다양한 패스를 하며 연습하자.

패스

메뉴 060 공 2개로 2인 패스 ①
(체스트 패스-바운스 패스)

난이도	★★
인 원	2인~
장 소	어디에서나 가능

목적
두 명이 호흡을 맞춰 동시에 패스를 주고받는 메뉴. 패스의 정확성은 물론, 패스를 하는 정확한 타이밍도 요구된다.

■ 두 명이 공을 들고 마주보며, 한 명은 체스트 패스(92페이지), 다른 한 명은 바운스 패스(96페이지)를 한다.

 변형
먼저 팀 수준에 맞춰 패스를 무리 없이 할 수 있는 거리에서 연습하고, 익숙해지면 두 명의 거리를 벌려 나간다.

순서
① 두 명이 공을 들고 마주 본다.
② 한 명이 체스트 패스, 다른 한 명이 바운스 패스를 동시에 진행한다.
③ 일정 횟수를 마쳤으면 서로 패스 방법을 바꾼다.

 지도자 MEMO
서로 소리를 내며 호흡을 맞춰 리드미컬하게 연습한다. 두 명이 동시에 패스를 하기 때문에 패스를 하는 타이밍이나 상대방이 잡기 쉽게 공을 던질 수 있는 정확성이 요구된다. 그리고 또 한 가지 포인트는 패스를 한 뒤 즉시 공을 받을 수 있도록 자세를 취하는 것이다. 이것은 실전에서도 필요하므로 철저하게 염두에 두자.

원포인트 어드바이스
패스를 주고받는 리듬을 파악했으면 속도를 조금씩 높여 나가자. 일정 횟수를 마쳤으면 서로 패스 방법을 바꾼다.

패스	난이도 ★★
	인원 2인~
	장소 어디에서나 가능

메뉴 061
공 2개로 2인 패스 ②
(원 핸드 패스-원 핸드 패스)

목적

메뉴 060과 마찬가지로 두 명이 호흡을 맞추면서 패스의 정확성과 타이밍을 익힌다. 원 핸드 패스(94페이지)는 발을 옆으로 내딛는 큰 움직임이 필요하기 때문에 패스를 한 후 재빨리 자세를 취하는 것을 염두에 두어야 한다.

■ 두 명이 공을 가지고 마주보며, 서로 오른쪽으로 원 핸드 패스를 한다.

순서

① 두 명이 공을 들고 마주 본다.
② 서로 오른쪽으로 원 핸드 패스를 한다.
③ 일정 횟수를 마쳤으면 좌우로 교대한다.

지도자 MEMO
한 손으로 패스를 한 후 즉시 양손으로 패스를 받을 수 있게 자세를 취하자. 그런 다음 크게 옆으로 발을 내딛으며 원 핸드 패스를 한다. 일정 횟수를 한 다음 좌우 방향을 바꾼다.

원포인트 어드바이스

실전에서는 하나의 공만을 사용하지만, 두 개의 공을 동시에 사용하는 연습은 머리 회전을 높이는 데도 효과적이다. 이러한 연습을 통해 주위를 보는 힘도 생기게 된다.

메뉴 062 · 패스
2 대 1 패스

난이도 ★★★
인원 3인~
장소 어디에서나 가능

목적
경기에서는 수비수가 패스 동작에 압박을 가한다. 패스의 움직임을 익혔다면 다음 단계로 수비수가 있는 상황에서 패스하는 법을 익힌다.

■ 수비수는 패스를 하지 못하도록 압박을 가한다. 패스를 했으면 이동해서 항상 공을 가진 선수를 압박한다.

순서
① 3인 1조로 연습한다. 두 명이 마주 보고 그 사이에 수비수 한 명이 들어간다.
② 두 명이 패스를 주고받는다. 수비수는 공을 가진 선수에게 압박을 가한다.
③ 패스를 했으면 그 방향으로 이동해 다시 압박을 가한다.

지도자 MEMO
수비수의 압박을 피해 패스를 하기 위한 키워드는 '훼이크'다. 훼이크란 상대를 속이는 동작을 뜻한다. 경기에서는 '위에서 던지는 척하면서 아래로', '오른쪽에서 던지는 척하면서 왼쪽에서'와 같이 상대방을 속이기 위한 연구가 필요하다.

원포인트 어드바이스
수비수는 초반부터 적극적으로 공을 빼앗으려 하지 말고 압박만 가한다. 연습 요령을 파악했으면 공을 향해 손을 뻗는 등 조금씩 실전 수준에 가깝도록 압박을 강화하자.

패스	난이도	★★
메뉴 063 **삼각패스**	인 원	6인~
	장 소	하프코트

목적

패스하는 즉시 움직이도록 한다.

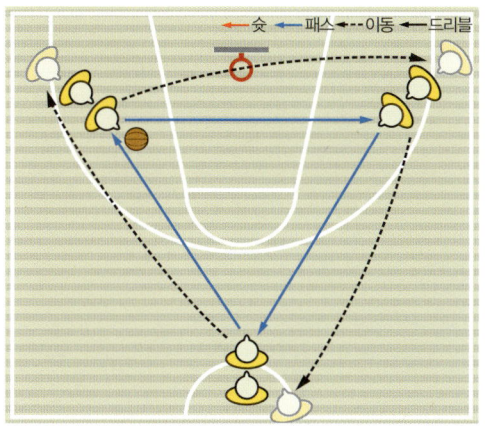

← 슛   ← 패스   ← 이동   ← 드리블

순서

① 그림과 같이 정삼각형으로 줄을 선다.
② 패스를 한 선수는 같은 방향으로 달려 그 줄 뒤에 선다.

지도자 MEMO 소리를 내면서 패스를 주고받아 서로의 연계 플레이를 높여 나가자. 체스트 패스(92페이지)나 바운스 패스(96페이지) 등으로 바꿔가며 연습하면 패스 기술의 폭이 넓어진다.

패스	난이도	★★★
메뉴 064 **역방향 삼각패스**	인 원	6인~
	장 소	하프코트

목적

메뉴 063과 마찬가지로 패스하는 즉시 움직여야 한다. 패스를 한 방향과 반대로 움직이기 때문에 난이도가 높아진다.

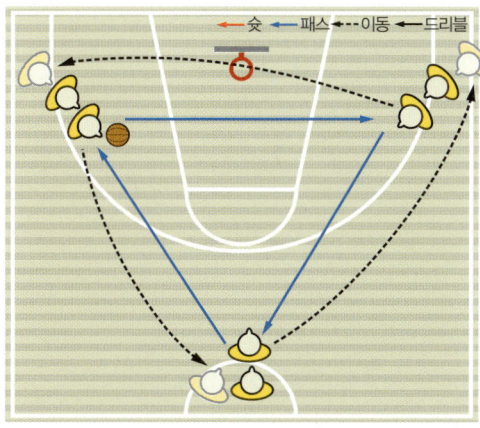

← 슛   ← 패스   ← 이동   ← 드리블

순서

① 그림과 같이 정삼각형으로 줄을 선다.
② 패스를 한 선수는 공을 보낸 쪽과는 반대 방향으로 달려 그 줄 뒤에 선다.

지도자 MEMO 패스한 곳과 다른 방향으로 움직이는 것은 어려운 기술이다. 빨리 움직이려고 한 나머지 패스를 위해 내디딘 발이 약해지기 때문이다. 강한 패스를 한 다음 움직일 수 있도록 주의하자.

메뉴 065 미시간 패스

패스 | **난이도** ★★★ | **인원** 8인~ | **장소** 하프코트

목적

패스를 한 뒤 그 방향과 다른 쪽으로 달려 다시 패스를 주고받는 메뉴. 거리에 맞춰 패스하는 힘을 조절하는 법을 익히는 데 매우 도움이 된다.

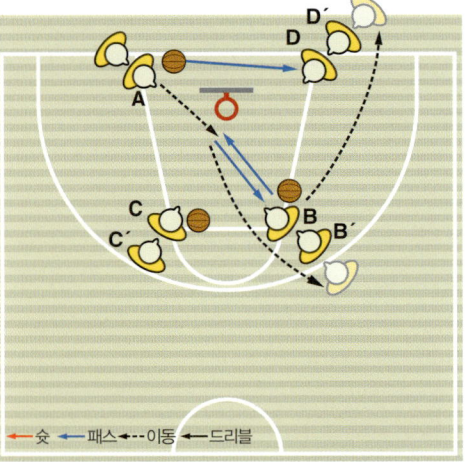

순서

① 그림 1과 같이 A, B, C, D에 줄을 선다. A, B, C는 각각 공을 들고 서 있는다.
② A는 D에게 패스한 다음 B를 향해 달려가며, 도중에 B의 패스를 받는다.
③ B는 패스한 다음 D가 있는 줄에 선다.
④ A는 패스를 받아 B´에게 패스한 후 B가 있었던 줄에 선다.
⑤ 그림 2와 같이 A에게서 패스를 받은 D는 A´에게 패스한 후 C를 향해 달려가며 도중에 C의 패스를 받는다.
⑥ C는 패스한 후 A가 있었던 줄에 선다.
⑦ D는 패스를 받아 C´에게 패스한 후 C가 있었던 줄에 선다. 이것을 돌아가면서 반복한다.

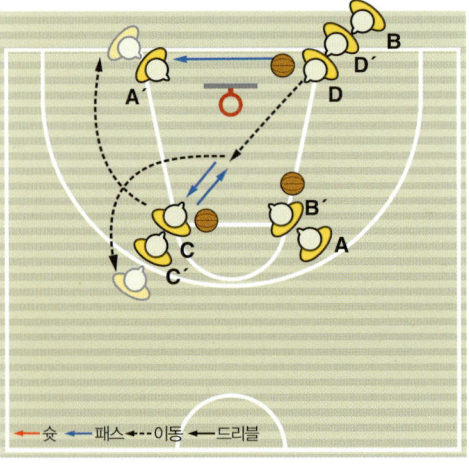

← 슛 ← 패스 ←-- 이동 ← 드리블

지도자 MEMO

패스는 빠를수록 수비가 가로채기 어려운데, 너무 빨라 동료 선수가 받기 어려워진다면 아무 의미가 없다. 이 메뉴와 같은 연습을 통해 거리를 맞춘 적절한 패스 속도를 몸에 익히자.

원포인트 어드바이스

이 연습은 미시간 대학에서 실시했다고 해서 '미시간 패스'라고 부른다. 일본은 미국에서 여러 가지 연습을 도입했는데, 특히 대학생을 지도하는 명코치의 연습 중에 참고가 된 것이 많다.

메뉴 066 — 패스

4코너 패스

난이도 ★★
인원 8인~
장소 하프코트

목적
패스를 한 다음 움직이는 습관을 들임과 동시에 패스가 온 방향과는 반대로도 원활하게 패스를 할 수 있게 된다.

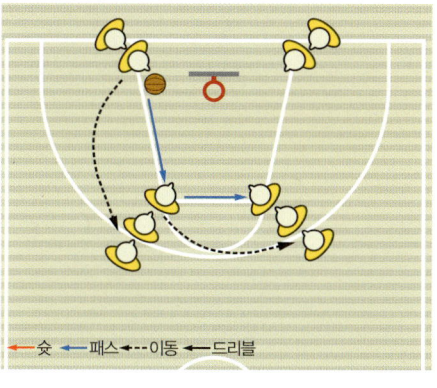

숫 ← 패스 ←-- 이동 ← 드리블

순서
① 그림과 같이 줄을 선다. 먼저 공을 가진 선수가 오른쪽 줄 선두에 있는 선수에게 패스한다. 그 후 같은 방향으로 달려 줄의 맨 뒤에 선다.
② 패스를 받았으면 피벗풋(145페이지)으로 몸의 방향을 바꾸고, 원 핸드 패스(94페이지)로 오른쪽 줄 선두에게 패스를 한다. 그 후 같은 방향으로 달려 줄의 맨 뒤에 선다.
③ 이것을 돌아가면서 반복한다. 일정 시간을 연습했으면 반대 방향으로도 실시한다.

 지도자 MEMO 움직임을 동반하는 모든 패스 연습에 공통된 점이지만, 익숙해지기 전까지는 천천히 해도 상관없다.

메뉴 067 — 패스

4코너 패스(클로즈아웃)

난이도 ★★★
인원 8인~
장소 하프코트

목적
수비수를 제치고 패스하며, 패스 후 즉시 움직이는 습관을 들인다.

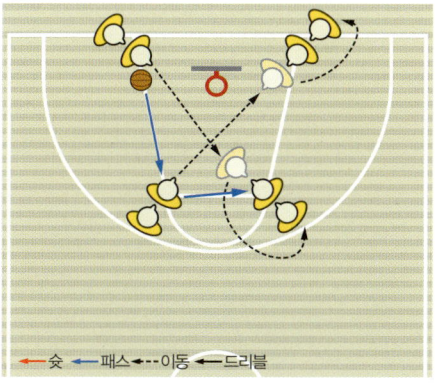

숫 ← 패스 ←-- 이동 ← 드리블

순서
① 그림과 같이 줄을 선다. 먼저 공을 가진 선수가 오른쪽 줄 선두에 있는 선수에게 패스한다. 그 후 대각선으로 달려, 공이 돌아온 줄 선두에 있는 선수에게 수비수처럼 압박을 가한다. 그 후 줄의 맨 뒤에 선다.
② 패스를 받았으면 피벗풋(145페이지)으로 몸의 방향을 바꾸고, 원 핸드 패스(94페이지)로 오른쪽 줄 선두에게 패스한다. 그 후 대각선으로 달려, 공이 돌아온 줄 선두에 있는 선수에게 수비수처럼 압박을 가한다. 그 후 줄의 맨 뒤에 선다.
③ 이것을 돌아가며 반복한다. 일정 시간을 연습했으면 반대 방향으로도 실시한다.

 지도자 MEMO 패스를 한 다음 수비수 역할을 할 때는 상대방에게 철저하게 압박을 가하자.

메뉴 068 사각 패스

패스

난이도	★★
인원	8인~
장소	하프코트

목적
패스를 한 뒤 달린다는 생각을 가진다. 팀 전체가 함께 연습할 수 있다.

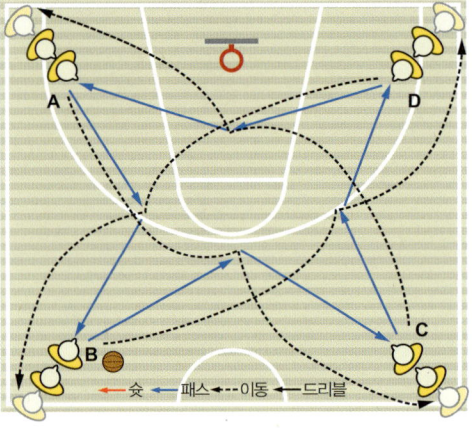

순서
① 그림과 같이 정사각형으로 선다.
② A는 그림과 같이 달려 B가 던져 준 패스를 받는다. B는 패스를 한 다음 그림과 같이 달린다.
③ A는 B에게서 패스를 받아 자신의 대각선(C)으로 패스하고 줄 뒤로 돌아간다. 이것을 돌아가면서 반복한다.

> **지도자 MEMO**
> 서로 소리를 내며 패스를 주고받는다. 연계 플레이에 도움이 될 뿐만 아니라 연습 분위기도 좋아진다. 또 체스트 패스(92페이지)뿐만 아니라 바운스 패스(96페이지) 등도 섞으면 패스 기술이 높아진다.

메뉴 069 5 대 4 패스

패스

난이도	★★★
인원	9인~
장소	하프코트

목적
수비수를 제치고 팀 전체가 패스를 돌린다.

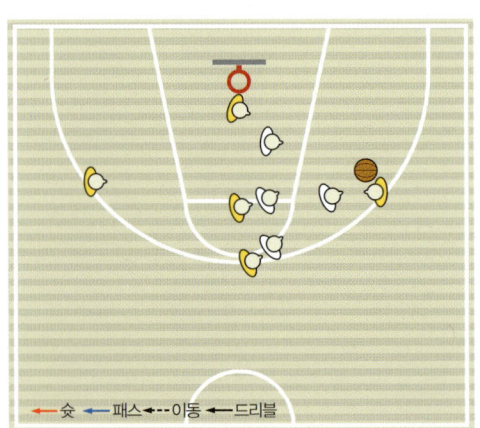

순서
① 패스를 돌리는 팀 5명(노란색)에 대항해 4명(흰색)이 수비에 나선다. 패스를 돌리는 팀은 그림과 같이 한 명을 중앙(기준)에 놓고 그 원(타원) 위에 같은 간격으로 선다.
② 패스를 돌리는 팀은 이동하지 않고 그 자리에서 패스를 돌린다. 수비팀은 패스가 통과되지 않도록 대응한다.
③ 패스를 돌리는 팀의 간격을 조정하면서 연습하는 것이 좋다. 간격이 좁을수록 난이도는 높아진다.

> **지도자 MEMO**
> 패스를 돌리는 팀의 선수는 마크가 없는 선수를 찾는 능력이 향상된다. 한편 수비팀에서는 지역을 지키는 지역 방어의 연습도 된다. 인원이 한 명 적은 만큼, 자신이 맡은 지역을 지키는 의식이 커지는 것이다.

메뉴 070 · 2선 패스

패스 | 난이도 ★★ | 인원 2인~ | 장소 올코트

목적
두 명이 달리면서 패스를 주고받는 연습. 패스 기술이 높아짐은 물론, 운동량도 필요하다. 워밍업으로 실시해도 좋다.

순서
① 2인 1조가 되어 한 명이 공을 든다.
② 두 명이 나란히 달리면서 패스를 주고받는다.

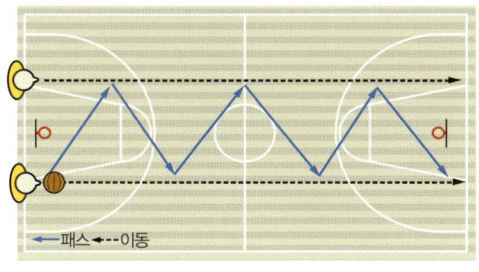

← 패스 ←-- 이동

지도자 MEMO
달리는 선수에게 맞춰 패스하기 위해서는 달리는 앞쪽 공간에 패스를 하는 것이 포인트다. 체스트 패스를 확실하게 하는 기술을 익힘과 동시에 바운스 패스를 효과적으로 활용할 수 있도록 연습해 두자.

메뉴 071 · 3선 패스

패스 | 난이도 ★★ | 인원 3인~ | 장소 올코트

목적
세 명이 달리면서 패스를 주고받는 연습. 메뉴 070과 마찬가지로 운동량도 필요하다. 세 명이 똑같은 속도로 나란히 달리는 것이 중요하다.

순서
① 3인 1조가 되어 A가 공을 든다.
② A에서 B, B에서 A, A에서 C, C에서 A로 세 명이 나란히 달리면서 패스를 주고받는다.

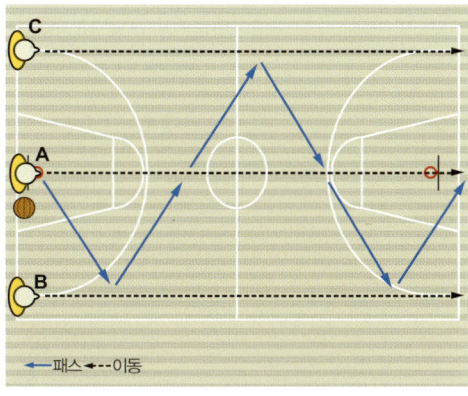

← 패스 ←-- 이동

지도자 MEMO
위의 메뉴와 마찬가지로 달리는 앞쪽 공간에 패스를 하는 것이 포인트인데, 중앙에서 달리는 선수에게는 공을 잡는 즉시 반대 방향으로 패스하는 민첩성이 요구된다. 그러므로 양 사이드를 달렸다면 다음에는 중앙을 달리는 식으로 순서를 바꿔가며 실시하자.

메뉴 072	패스	난이도 ★★★
	3인 크로스패스	인원 3인~
		장소 올코트

목적

선수끼리 교차(크로스)하며 패스를 주고받는, 경기에서도 자주 볼 수 있는 움직임을 익히기 위한 메뉴. 세 명의 호흡이 맞지 않으면 원활하게 진행되지 않기 때문에 연계 플레이 능력도 높일 수 있다.

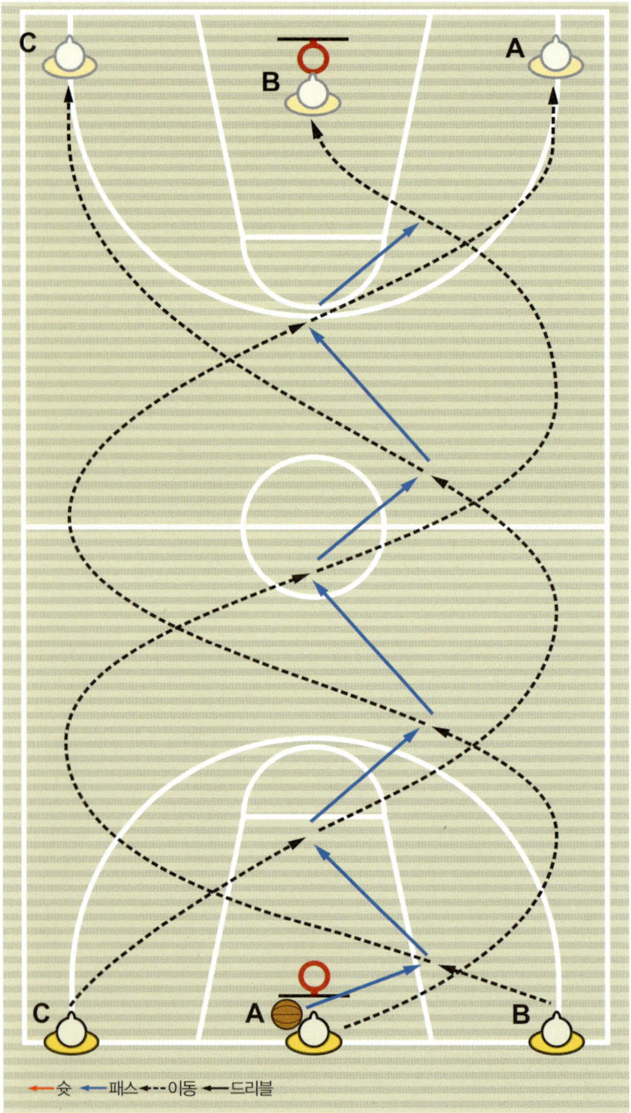

순서

① 3인 1조가 되어 실시한다. A가 공을 든다.
② 그림과 같이 세 명이 교차해 달리며(패스를 한 선수는 공을 보낸 쪽으로 달려 패스를 받은 선수의 뒤를 지나 턴한다) 패스를 주고받는다.

지도자 MEMO

경기에서는 직선으로 달리는 것뿐만 아니라 비스듬히 또는 옆으로 달리는 경우도 종종 있다. 따라서 그런 움직임 속에서도 원활하게 패스를 주고받을 수 있어야 한다. 서로 소리를 내어 서로의 움직임을 파악하며 확실하게 패스할 수 있도록 연습하자.

변형

이와 같이 서로 교차하면서 패스를 주고받는 패턴 외에도 여러가지 이동 패턴이 있다. 이러한 움직임의 정확도를 높이는 것이 실전에서 속공으로 연결된다. 패스의 발전 연습은 팀 공격(181페이지)에서도 소개했으니 이를 참고하면서 패스 기술을 향상시켜 나가자.

← 슛 ← 패스 ←-- 이동 ← 드리블

제4장
수비
Defense

아무리 멋진 슛을 넣어도 상대방에게 더 많은 득점을 허용한다면 아무 의미가 없다. 수비의 기본은 먼저 허리를 낮춘 자세에서 시작된다. 여기에서 다양한 기술로 발전시켜 나가자.

수비의 기초 기술

기술해설 | 수비의 기본자세

얼굴
주위의 상황을 잘 볼 수 있도록 꼿꼿하게 세운다.

양팔
상대방의 움직임에 대응할 수 있도록 양팔을 벌린다.

무릎
가볍게 굽혀 중심을 낮게 유지한다.

스탠스
빠르게 움직일 수 있도록 어깨너비보다 조금 넓게 벌린다.

[기술 해설] 무릎을 가볍게 굽히고 중심을 낮게 유지한다.

수비의 기본자세는 상대방의 슛이나 패스, 드리블 같은 플레이에 맞서 빠른 대응을 하기 위한 자세다. 무릎을 가볍게 굽히고 상체를 조금 앞으로 쏠리게 해 중심을 낮게 유지한다. 얼굴을 꼿꼿이 세워 주위의 상황을 잘 살필 수 있도록 하는 것도 중요하다. 또 양팔은 벌리고 있다가 상대방이 슛을 할 자세를 보이면 팔을 들어 방어하는 등 최대한 빠르게 상대방의 동작에 대응한다.

▶▶▶ 수비의 기본자세 포인트

POINT 01 등이 구부러지지 않도록 하면서 상체를 앞으로 살짝 기울인다.

[해설] 등이 구부러지지 않도록 주의한다.

무릎을 가볍게 굽혀 중심을 낮게 유지하자. 이때 등이 구부러지지 않도록 주의한다. 그리고 등이 바닥과 수직이 되지 않도록 주의하면서 상체를 살짝 앞으로 기울인다.

양팔은 앞쪽으로 벌린다. 이것은 상대방에게 압박감을 주기 위한 것이다. 실전에서는 이 자세에서 순발력을 발휘해 상대방의 슛과 드리블, 패스를 방해한다.

STEP BY STEP Basketball 수비 연습

■ 공격 연습 메뉴도 목적의식을 가지고 임하면 수비 연습으로 이어진다.

목적의식을 갖고 연습에 임한다.

수비의 가장 기본이 되는 이 자세를 잊은 채 플레이하는 경우가 많다. 이렇듯 공격에 비해 수비 연습은 의욕을 유지하기 어렵다. 그러나 실전에서 이기기 위해 꼭 필요한 기술이므로 지도자는 항상 그 점을 염두에 둬야 한다. 또 1 대 1이나 5 대 5 같은 대인 공격 연습을 할 때도 수비를 중시함으로써 수비력을 향상시킬 수 있다. 목적의식을 갖고 연습에 임하자.

수비		난이도	★★
		인원	1인~
메뉴 073	빅 스텝	장소	어디에서나 가능

목적

상대방의 드리블에 대응하기 위한 기본적인 스텝이다. 다리를 교차시키지 않고 움직인다.

■ 수비의 기본자세를 취한다.

■ 진행 방향 쪽의 발을 옆으로 내딛는다. 대각선 뒤쪽으로 움직인다.

■ 이어서 다른 쪽 발도 이동시켜 다시 기본자세로 돌아간다.

■ 어느 정도 이동했으면 진행 방향을 바꾼다.

순서

① 수비의 기본 자세를 취한다.
② 진행 방향 쪽의 발을 옆으로 내딛는다.
③ 다른 쪽 발도 이동시켜 다시 기본자세로 돌아간다
④ 어느 정도 이동했으면 진행 방향을 바꾼다.

지도자 MEMO

'사이드 스텝' 또는 '슬라이드 스텝'이라고 부른다. 이 스텝의 포인트는 옆으로 이동할 때 양발이 닿지 않는 것이다. 양발이 어깨너비보다 좁아지지 않도록 주의하며, 자신의 머리는 반드시 양발 사이에 위치하도록 염두에 두자.

원포인트 어드바이스

이동할 때 양발을 붙이면 상체가 붕 떠서 균형을 잃고 만다. 그 사이 상대에게 드리블 돌파를 허용하게 될 수 있으니 주의하자.

수비

메뉴 074 크로스 스텝

난이도 ★★
인원 1인
장소 어디에서나 가능

목적

다리를 교차시키면서 이동하는 스텝이다. 속도가 빠른 드리블에 대응할 때 자주 사용한다.

- 수비의 기본자세를 취한다.

- 한쪽 발을 옆으로 교차시키며 내디뎌 대각선 뒤쪽으로 이동한다.

- 어느 정도 이동했으면 방향을 바꾼다.

- 반대쪽도 마찬가지로 다리를 교차시키며 대각선 뒤쪽으로 이동한다.

순서

① 수비의 기본자세를 취한다.
② 다리를 교차시키며 내디뎌 대각선 뒤쪽으로 이동한다.
③ 어느 정도 이동했으면 방향을 바꾼다.

지도자 MEMO

상대방의 드리블 속도가 빠르면 빅 스텝(112페이지)으로는 대응하기 어려울 때가 있다. 그럴 때 사용하면 좋은 기술이 다리를 교차시키면서 이동하는 풋워크다. 머리가 위아래로 움직이지 않도록 주의하자.

원포인트 어드바이스

크로스 스텝은 빅 스텝에 비해 신체적인 부담이 가볍다고 할 수 있다. 특히 나이가 어린 선수들에게 사용을 권하는 풋워크다. 빅 스텝만 사용하지 말고 사이사이 크로스 스텝을 잘 활용하는 것이 중요하다.

| 수비 | 난이도 ★★ |
| 인원 1인~ |
| 장소 어디에서나 가능 |

메뉴 075 런 슬라이드 런

목적

전진하는 상대방의 드리블에 대응해 낮은 자세로 재빨리 이동해 따라잡는다.

■ 수비의 기본자세를 취한다.

■ 빠른 드리블을 저지한다는 느낌으로 대각선 후방으로 움직인다.

■ 그 상태에서 최대한 빠르게 달릴 수 있도록 낮은 자세를 유지하며 크게 이동한다.

■ 어느 정도 이동했으면 낮은 자세를 유지한 채 빅 스텝(112페이지)으로 전환한다.

순서

① 수비의 기본자세를 취한다.
② 빠른 드리블을 저지한다는 느낌으로 대각선 후방으로 움직인다.
③ 진행 방향으로, 낮은 자세를 유지하며 크게 이동한다.
④ 어느 정도 이동했으면 낮은 자세를 유지한 채 빅 스텝으로 전환한다.

지도자 MEMO

전진하는 상대방의 드리블에 대응해 스텝 워크를 구사해도 쫓아가지 못할 경우가 있다. 그래서 먼저 달린(런) 다음 슬라이드, 즉 낮은 자세로 크게 이동한다. 그리고 상대방을 따라잡았으면 빅 스텝으로 상대방의 속도를 저지하는 것이다.

NG

양발이 바닥에서 떨어졌을 때 크게 튀어 나가듯이 뛰어가면 상대방의 움직임에 대응하지 못하니 주의하자.

수비

메뉴 076 볼 체크 (1 대 1)

난이도 ★★★
인원 2인~
장소 하프코트

목적
좀 더 실전적인 풋워크 연습이다. 지그재그로 이동하는 드리블에 다양한 풋워크를 구사하며 대응한다.

■ 공을 가진 선수가 지그재그로 달리고, 그 움직임에 대응해 수비수가 적절한 풋워크를 구사한다. 공을 가진 선수의 속도는 수준에 맞춰 조정한다.

순서
① 2인 1조가 되어 공을 가진 선수가 지그재그로 달린다.
② 그 움직임에 수비수가 적절한 풋워크를 구사하며 대응한다.

지도자 MEMO
빅 스텝(112페이지)을 기본으로, 속도에 대응할 때는 크로스 스텝(113페이지)이나 달리기를 활용한다. 반대로 공을 가지고 있는 선수는 상대방이 여러 가지 풋워크를 구사할 수 있도록 연구하자.

원포인트 어드바이스
공을 가지고 있는 선수가 드리블을 하면 더욱 실전처럼 연습할 수 있다. 풋워크를 갈고닦기 위해 일부러 공을 빼앗지 않게 할 것인지, 경기 형식의 1 대 1을 전개할 것인지 목적을 명확히 하고 연습을 실시하자.

수비	난이도 ★★★
메뉴 077 **서클 드릴**	인 원 1인~
	장 소 하프코트

목적
드리블의 움직임에 대응하기 위해 빅 스텝(112페이지)으로 부드럽게 방향을 전환한다.

← 이동

순서
① 그림과 같이 서클 선상에서 기본자세를 취한다.
② 빅 스텝만을 이용하여 이동한다. ① 왼쪽 대각선 뒤, ② 오른쪽 대각선 뒤, ③ 앞, ④ 오른쪽 대각선 뒤, ⑤ 왼쪽 대각선 뒤, ⑥ 앞의 순서로 진행한다.
③ 한쪽 방향이 끝나면 반대 방향으로도 실시한다. 그림의 ①, ②, ④, ⑤를 크로스 스텝으로 이동하는 메뉴도 연습하면 좋다.

지도자 MEMO
빅 스텝을 하면서 부드럽게 방향을 전환하기 위한 포인트는 진행 방향을 날카롭게 전환하는 양발의 움직임과 양손을 함께 사용하여 균형을 유지하는 것이다. 실전에서는 날카로운 방향 전환이 요구되지만, 움직임에 익숙해지기 전까지는 천천히 연습하도록 하자.

원포인트 어드바이스
이 드릴은 주로 센터 서클이나 자유투 서클을 이용하는데, 거리를 벌리면 기술 향상을 꾀할 수 있다. 움직임 하나하나를 소홀히 하지 않도록 주의하자.

Basketball Column 06 수비는 노력이 그대로 경기에 나타난다.
안정된 슛을 성공시키기 어려운 공격과는 대조적으로 수비는 연습을 통해 키운 기술과 마음가짐이 그대로 나타난다. 그런 만큼 한 경기 내내 열심히 수비할 수 있는 선수야말로 감독과 팀 동료들의 신뢰를 받는다. 또한 슛이 들어가지 않을 때도 전력으로 수비를 함으로써 자신의 리듬을 되찾는 경우도 종종 있다. 그러므로 경기에 장시간 출전할 수 있는 선수는 수비를 게을리 하지 않는 선수라고도 할 수 있다.

메뉴 078	수비	난이도 ★★
	슛, 패스, 드리블에 대한 대응	인원 2인~
		장소 어디에서나 가능

목적

공을 가진 선수의 움직임에 대응해 수비의 간격을 잡는 법과 손의 위치를 익힌다.

기본형

- 수비수는 상대와의 간격을 유지하며 기본자세를 취한다.

- 공을 가진 선수가 슛 자세를 취하면 손을 확실하게 올린다.

- 공을 가진 선수가 패스 자세를 취하면 패스 코스를 손으로 가린다.

- 공을 가진 선수가 드리블 자세를 취하면 손을 내린다.

순서

① 2인 1조가 되어 실시한다. 한 명이 공을 들고, 다른 한 명은 상대방을 마크한다.
② 수비수는 공을 가진 선수의 움직임에 대응한다. 슛, 패스, 드리블 자세에 맞춰 각 행동을 수비하는 자세를 취한다.

지도자 MEMO 상대와의 간격을 유지한다. 상대가 슛 자세에 들어가면 손을 위로 들고, 공을 내려 드리블 자세에 들어가면 손을 내린다. 패스에 대응할 수 있도록 손을 뻗어 패스 코스를 봉쇄한다.

원포인트 어드바이스

슛, 패스, 드리블에 모두 대응할 수 있는 간격은 '원 암', 즉 자신의 팔 길이 정도로 알려져 있다. 이보다 좁으면 드리블에 돌파 당하고, 너무 넓으면 슛을 허용하게 된다.

수비		난이도	★★★
		인 원	2인~
메뉴 079 시그널 디펜스		장 소	어디에서나 가능

목적

수비를 할 때 민첩성을 높이는 것이 주된 목적이다. 신호를 보내는 선수의 움직임에 맞춰 전후좌우로 움직인다.

■ 한 명은 신호를 보내는 역할을 맡는다. 다른 선수는 수비의 기본자세를 취한다.

■ 신호를 보내는 사람이 한 손을 들면 똑같은 방향으로 이동한다.

■ 신호를 보내는 사람이 양손을 앞으로 내밀면 뒤로 물러난다.

■ 신호를 보내는 사람이 양손을 들면 전진한다.

순서

① 한 명(코치여도 좋다)은 신호를 보내는 역할을 하고 다른 선수는 수비 자세를 취한다.
② 신호를 보내는 사람의 신호에 따라 전후좌우로 빠르게 풋워크를 한다.

지도자 MEMO
워밍업도 되는 수비 연습이다. 전후좌우로 움직일 때도 얼굴을 똑바로 들고 수비 자세를 유지한다. 신호를 보내는 것을 놓치지 않도록 하자.

원포인트 어드바이스

신호에 따라 전후좌우로 움직이며 민첩성을 익히는 연습이지만 신호의 종류를 늘리는 것도 하나의 방법이다. 가령 호루라기를 길게 불면 루즈볼을 가정하며 뛰어드는 등 여러 가지 방식을 연구해 보자.

수비		난이도 ★★
메뉴 080	**루즈볼에서의 1 대 1**	인원 3인~ 장소 하프코트

목적
공에 재빨리 다가가는 움직임을 익히기 위한 메뉴. 공에 대한 집념도 키울 수 있다.

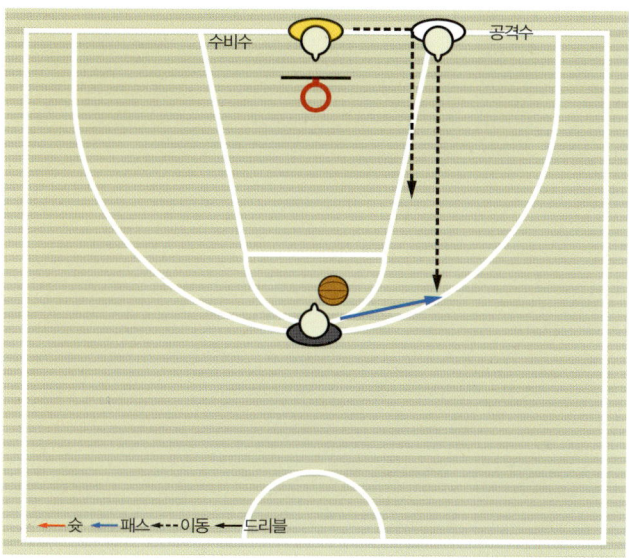

순서
① 한 명(코치여도 좋다)이 톱에서 공을 굴린다.
② 공격수가 제한 구역 모서리에서 출발하고, 수비는 골 밑에서 공격수가 있던 위치를 경유해 공에 접근한다.
③ 공격수는 공을 잡는 즉시 공격에 들어가며(골을 노린다), 수비수는 그것을 막는다.

지도자 MEMO
공을 아무도 지배하고 있지 않은 상태, 즉 루즈볼에 대한 반응을 재빨리 하는 것도 잊어서는 안 된다. 이 메뉴에서 뒤를 쫓는 형태가 되는 수비수에게는 상황을 잘 보는 능력도 요구된다. 루즈볼을 잡을 수 있는 기회가 있으면 적극적으로 노리자.

원포인트 어드바이스
루즈볼에 대한 의식을 더욱 높이는 연습도 있다. 굴러가는 공을 두 사람이 나란히 달려가 쟁탈한 다음 1 대 1로 전환하는 것이다. 이러한 연습을 통해 키운 공에 대한 집념은 수비에도 활용될 것이다.

Basketball Column 07 — 경기 도중 출장 선수에게 요구되는 것은 슛 능력과 수비에 최선을 다하는 자세

경기 도중 출장하는 선수는 여섯 번째로 출장한다고 해서 '식스맨'이라고 부른다. 그 선수에게는 열세에 있는 게임의 흐름을 바꿀 힘이 요구되는데, 이를 위해서는 슛을 확실하게 성공시킬 필요가 있다. 특히 적절한 3점 슛은 팀에 기세를 불어넣는다. 또 한 가지 중요한 것이 수비에 최선을 다하는 자세다. 식스맨이 수비를 열심히 하면 팀 동료들에게 수비의 중요성을 깨닫게 할 수 있다.

수비	난이도 ★★★
메뉴 081 **공을 굴려서 클로즈 아웃**	인원 2인~
	장소 하프코트

목적

클로즈 아웃이란 수비수가 공격수와의 거리를 좁히는 움직임을 말한다. 이 메뉴는 슛을 하는 선수에게 미리 대응할 수 있도록 하기 위한 것이다.

■ 수비수는 베이스 라인 위에 공을 들고 서 있고, 공격수는 톱에 선다.

■ 수비수는 베이스 라인에서 공격수에게 공을 굴린 다음 즉시 달린다.

■ 수비수는 공격수에게 다가가 잽스텝으로 속도를 억제한다.

■ 수비수는 슛을 막기 위해 확실하게 손을 올린다.

순서

① 2인 1조가 되어 실시한다. 수비수는 베이스 라인 위에 공을 들고 서 있는다.
② 수비수는 톱에 있는 공격수에게 공을 굴린다.
③ 공격수는 굴러 온 공을 주워 슛 자세에 들어간다. 수비수는 그것을 막으러 간다.

지도자 MEMO 멀리 있는 상대 선수가 슛 자세에 들어갈 때 수비수가 최우선으로 생각해야 할 것은 '슛을 하지 못하게 하는 것'이다. 재빨리 달려가 그 속도를 잽스텝으로 억제하면서 접근하는 것이 포인트다.

원포인트 어드바이스 설령 상대방이 슛 자세에 들어갔다고 해도 포기해서는 안 된다. 수비수가 손을 확실하게 보여주면 상대방은 슛을 하기 어려워진다. 이 수비수의 손을 '빅 핸드'라고 부른다.

메뉴 082 | 수비

윙으로의 패스에 대한 클로즈 아웃

난이도 ★★★
인원 3인~
장소 하프코트

목적

윙은 슛을 할 기회가 많은 포지션이다. 재빨리 대응해 슛을 봉쇄하는 움직임을 몸에 익힌다.

순서

① 그림과 같은 위치에서 출발한다. B는 C에게 패스한다.
② 패스를 함과 동시에 A는 C를 향해 움직이기 시작한다.
③ C는 슛 자세에 들어간다. A는 그것을 막으러 간다.

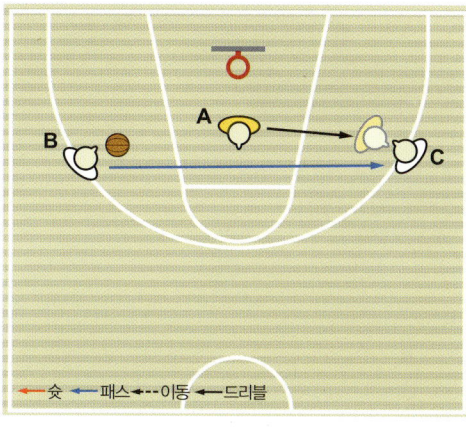

← 슛   ← 패스   ←-- 이동   ← 드리블

 지도자 MEMO
윙에서 패스를 받은 선수는 슛 자세에 들어가고 수비수는 확실하게 대응한다. 수비수는 슛을 억제하는 동시에 상대방이 드리블로 전환하는 것에도 대응할 수 있도록 해야 한다.

메뉴 083 | 패스

드리블에서 시작되는 클로즈 아웃

난이도 ★★★
인원 3인~
장소 하프코트

목적

도움 수비(마크하고 있는 선수에게서 떨어져 일시적으로 동료의 수비를 돕는 것)의 기본을 익힌다.

순서

① 그림과 같은 위치에서 출발한다. B는 톱에서 드리블을 한다.
② C를 마크하던 A는 B의 드리블을 저지하러 들어온다.
③ B는 A가 다가오면 C에게 패스한다.
④ A는 패스를 받은 C에게 되돌아가 수비한다.

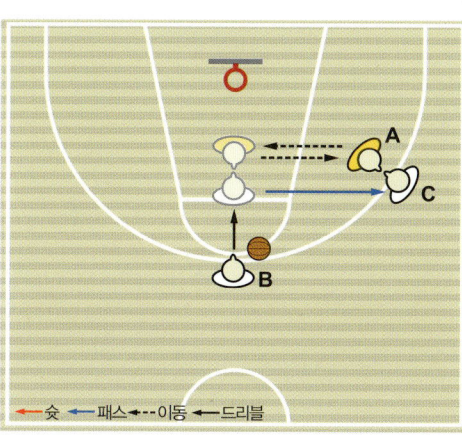

← 슛   ← 패스   ←-- 이동   ← 드리블

지도자 MEMO
드리블을 하는 선수가 수비수를 끌어들인 다음 패스하는 플레이를 '페네트레이트'라고 부른다. 수비수는 이러한 플레이도 클로즈 아웃 기술로 대처해야 한다. 상대방의 동작을 잘 보고 수비하자.

디나이

손
자신이 마크하고 있는 상대방에게 패스가 오지 않도록 패스 코스를 손으로 막는다.

거리감
패스 코스를 막는 동시에 마크하는 상대에게 뒤를 잡히지 않는 거리를 의식한다.

[기술 해설] 패스가 통과하는 것을 거부한다.

공을 가지고 있는 선수에게 압박을 가하는 것만이 수비가 아니다. 자신이 마크하는 선수에게 공이 오지 않도록 하는 것도 중요한 수비 테크닉이다.

특히 공을 가지고 있는 선수 근처의 상대를 마크하는 수비수는 뒤를 잡히지 않도록(자신의 뒤쪽 공간으로 달려 들어오지 못하도록) 하면서도 패스 코스를 확실하게 봉쇄해야 한다. 이 수비 자세는 패스를 '거부한다'고 해서 디나이라고 부른다.

디나이에서 중요한 것은 먼저 거리감이다. 패스 코스를 봉쇄하는 것을 너무 의식한 나머지 상대방에게 지나치게 접근하지 않도록 주의하자. 또 상대방의 패스 코스에 손을 치켜올리는 것도 중요한 기본이다.

▶▶▶ 디나이의 포인트 ①

POINT 01 패스 컷을 노리다가 뒤를 잡히지 않도록 주의한다.

[해설] 뒤를 잡히지 않도록 주의한다.

공을 가진 선수가 자신이 마크하는 선수에게 보내는 패스를 차단하려면 그 패스 코스를 봉쇄해야 한다. 그러나 패스 컷을 지나치게 노린 나머지 자신이 마크하고 있는 선수에게 너무 접근해 뒤를 잡힌다면 아무 소용이 없다. 적절한 거리감을 항상 의식하자.

▶▶▶ 디나이의 포인트 ②

POINT 02 골 근처에서의 플레이에 대해서는 앞으로 나와 패스 코스를 봉쇄한다.

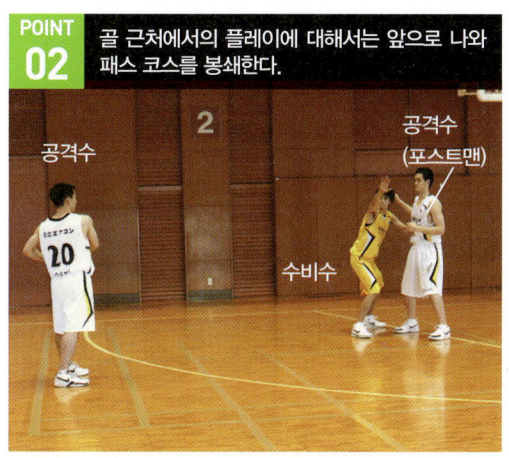

[해설] 골 근처에서는 앞으로 나온다.

포스트 디나이란 말 그대로 포스트맨(제한 지역 라인 근처에서 플레이하는 선수)에 대한 디나이를 뜻한다. 골과 가까운 위치에서의 플레이이므로 패스가 통과되면 득점으로 이어질 가능성이 높아진다. 그런 만큼 최대한 바짝 마크해야 하며, 특히 로 포스트와 같이 골과 가까운 위치라면 상대의 앞으로 나와 패스를 막는다.

▶▶▶ 디나이의 포인트 ③

POINT 03 상대방의 뒤에 붙어 있기만 해서는 좋은 수비라고 할 수 없다.

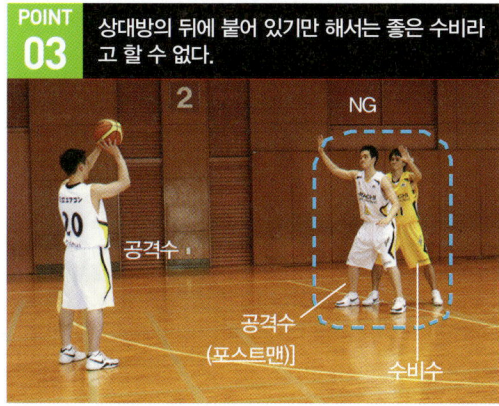

[해설] 뒤에 붙어 있기만 해서는 안 된다.

디나이는 패스 코스를 봉쇄하는 자세로, 패스 코스를 확실하게 손으로 막는 것이 기본이다. 특히 포스트 플레이와 같이 골과 가까운 지역에서는 상대방의 슛을 의식한 나머지 골을 등지고 마크하기 쉬운데, 주의 하자. 패스를 간단하게 통과시키지 않는 것, 그것이 바로 좋은 수비이다.

123

메뉴 084 수비

공격수의 움직임에 대한 디나이

난이도 ★★
인원 2인~
장소 하프코트

목적

마크하고 있는 선수가 공을 갖지 못하도록 철저하게 디나이(122페이지)를 한다.

■ 윙에 있는 공격수에게 철저하게 디나이 자세를 취한다.

■ 윙에 있는 공격수는 골 밑을 지나 반대편으로 이동한다.

■ 이동 중에는 마크하고 있는 공격수는 물론, 톱에서 패스하는 선수도 의식한다.

■ 공격수가 반대편 윙으로 이동하는 즉시 손을 들어 디나이 자세를 취한다.

순서

① 수비수 한 명, 공격수 두 명으로 진행한다. 공격수 중 한 명(코치여도 좋다)이 톱에서 공을 가지고 있고, 다른 한 명은 윙에 위치한다. 수비수는 철저하게 디나이한다.
② 윙에 있는 공격수는 골 밑을 지나 반대편으로 이동한다. 수비수는 패스 코스를 철저하게 가리면서 따라간다.
③ 공격수가 반대편 윙으로 이동하면 수비수는 디나이를 한다.

지도자 MEMO
공격수의 움직임에 맞춰 항상 패스를 차단할 수 있도록 주의하며 따라간다. 공격수가 멈추면 즉시 손을 들어 패스 코스를 막는다. 손을 들면 패스를 하는 선수가 압박감을 느껴 주저하게 된다.

NG
마크하는 선수와 공 사이를 손으로 막는 것이 기본이다. 상대방에게서 떨어지면 쉽게 패스가 전달된다. 반대로 패스 코스를 가로막으려고 너무 앞으로 나오면 뒤쪽 공간을 빼앗겨 패스를 허용하게 되니 주의하자.

수비		
	난이도	★★
	인 원	4인~
	장 소	하프코트

메뉴 085 공의 위치에 맞춘 포스트 디나이

목적

골과 가까운 위치에 있는 공격수(포스트맨)에게 공이 전달되지 않도록 하는 움직임을 익힌다.

- 수비수는 톱에서 포스트맨에게 패스 되지 않도록 디나이 자세를 취한다.
- 톱에서 윙에 있는 공격수에게 패스한다.

- 수비수는 윙에서 포스트맨에게 패스되지 않도록 앞으로 나와 수비한다.
- 공격수 앞쪽으로 나온 상태에서는 골 방향으로 움직여 패스를 할 수 있기 때문에 디나이 자세로 전환한다.

순서

① 수비수 한 명, 공격수 세 명이 실시한다. 세 명의 공격수는 각각 톱, 윙, 로 포스트에 선다. 수비수는 포스트맨을 마크한다.
② 톱에 있는 공격수가 공을 가진 상태에서 시작한다. 수비수는 철저하게 다나이 자세를 취한다.
③ 톱에서 윙으로 패스한다.
④ 수비수는 윙에서 포스트맨에게 오는 패스를 막을 수 있도록 디나이 자세를 연결한다.

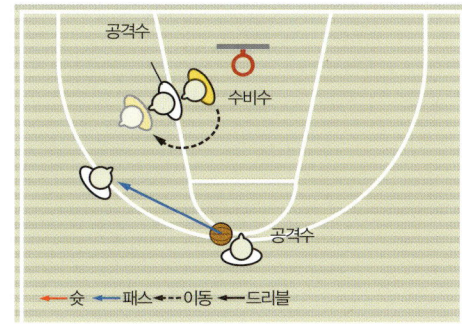

지도자 MEMO

골에 최대한 접근해 패스를 받으려는 상대에게 수비수는 몸을 접촉하며 패스 코스를 막아야 한다. 포스트 디나이에서는 이와 같은 접촉 플레이를 꺼려하지 말고 강하게 플레이하려는 마음가짐이 꼭 필요하다.

메뉴 086	수비	난이도 ★★
		인원 2인~
		장소 하프코트

포스트 수비

목적

골과 가까운 제한 구역 라인 근처에서 실시한다. 쉽게 슛을 하지 못하도록 수비하는 방법을 익힌다.

- 골과 가까운 제한 구역 라인 근처에서 플레이한다. 공격수(흰색)의 진입에 대해 팔도 사용하며 접촉하자.
- 공격수가 자신의 왼쪽으로 턴하려고 하면 왼쪽으로 이동해 철저하게 달라붙는다.

- 공격수가 자신의 오른쪽으로 턴하려고 하면 오른쪽으로 이동해 철저하게 달라붙는다.
- 공격수가 슛 자세에 들어가면 슛 코스를 막는다.

순서

① 공격수(포스트맨)는 공을 가지고 있고, 수비수는 이에 대응한다.
② 수비수는 공격수가 슛을 성공하지 못하게 한다.

지도자 MEMO

수비수는 자신이 마크하는 선수가 공을 가지지 못하도록 하는 것이 원칙이다. 설령 패스가 전달되었더라도 집중하자. 팔도 사용하면서 상대방의 침입을 막고 슛 자세에 들어가지 못하게 한다. 이와 같이 상대방을 막는 팔의 움직임을 '암바'라고도 부른다.

원포인트 어드바이스

수비수가 아무리 노력해도 공을 가지고 있는 선수는 슛을 한다. 중요한 것은 그것을 완전하게 막는 것이 아니라 슛의 성공률을 떨어트리는 것이다. 이를 위해서도 슛 자세에 들어간 상대에게 철저하게 자신의 손, 즉 '빅 핸드'를 올리자.

제5장
리바운드
Rebound

리바운드는 농구의 진수다. "리바운드를 지배하는 자가 경기를 지배한다."라는 말도 있듯이 리바운드를 쟁취하기 위해서는 먼저 좋은 포지션을 잡아야 한다. 이것이 가능하면 키가 작은 선수도 리바운드를 따낼 수 있게 된다.

리바운드의 기초 기술

블록 아웃

POINT 01 자신이 마크하고 있는 상대의 위치를 파악한다.

상대를 확인
슛을 하는 즉시 자신이 마크하고 있는 선수의 위치를 확인한다.

상대와의 거리
상대의 위치를 파악했으면 골 밑에 진입하지 못하도록 상대와의 거리를 좁히고 몸을 밀착시킨다.

POINT 02 상대의 골 밑 침입을 막기 위해 몸을 밀착시킨다.

[기술 해설] 상대방의 골 밑 침입을 막는 것을 최우선으로 한다.

공격수가 슛을 했을 때, 수비수가 자신이 마크하는 상대를 골에 접근하지 못하도록 블록하는 플레이를 '블록 아웃'이라고 한다. 수비 리바운드를 확실하게 잡기 위해서는 공을 잡으러 가기 전, 먼저 상대방을 골에 접근하지 않도록 하는 것을 최우선 해야 한다. 설령 자신이 공을 잡지 못하더라도 다른 선수가 공을 잡을 가능성도 있다. 그렇게 전원이 블록 아웃을 강하게 의식하면 팀의 리바운드 능력을 높일 수 있다.

몸의 방향
리바운드를 잡을 수 있도록 몸을 밀착시킨 채 몸을 돌려 골 방향을 향한다.

POINT 03 상대를 블록한 채 몸을 돌려 상대를 등진다.

자세
몸 전체를 사용하여 상대가 골 밑으로 침입하는 것을 막는다.

POINT 04 상대의 골 밑 침입을 블록한다.

STEP BY STEP Basketball   블록 아웃의 비결

포지셔닝을 항상 염두에 둔다.

블록 아웃을 하려고 하는 상대의 키가 자신보다 훨씬 크거나 점프력이 뛰어날 때는 상대를 마주보며 블록 아웃을 하는 방법도 있다. 상대와 정면으로 마주보며 더욱 확실하게 상대의 골 밑 접근을 방어하는 것이다. 이 경우는 자신도 리바운드를 잡으러 가기 어려워지기 때문에 다른 동료가 잡는 경우가 많다. 어떤 블록 아웃을 사용하든 수비를 할 때는 적절한 포지셔닝을 하며 항상 공을 시야에 넣고 상황에 맞는 판단을 하는 것이 중요하다.

리바운드의 기초 기술

투 핸드 리바운드

상대를 확인
슛을 하는 즉시 자신이 마크하는 선수의 위치를 확인해 상대와의 거리를 좁힌다.

POINT 01 자신이 마크하고 있는 선수와의 거리를 좁힌다.

자세
상대를 등지고 허리를 낮춰 상대의 침입을 막는다.

POINT 02 몸 전체를 사용해 상대의 골 밑 침입을 막는다.

[기술 해설] 양손으로 공을 확실하게 잡는다.

공이 던져진 뒤 블록 아웃에 성공했을 때나 상대방이 리바운드 자세에 들어가지 못했을 때는 확실하게 리바운드를 잡을 수 있다. 그런 장면에서는 양손으로 뛰어올라 공중에서 공을 잡는다.
리바운드는 공을 잡았다고 끝이 아니다. 착지한 순간 공을 빼앗으려고 노리는 상대도 있으니 안이하게 공을 내리지 말고 높은 위치에서 공을 움직이며 빼앗기지 않도록 하자.

타이밍
점프의 정점에서 양손으로 공을 잡는다.

POINT 03
공의 위치를 확인해 점프하며, 양손으로 공을 잡는다.

공의 위치
착지 후에는 공을 아래로 내리지 않는다. 기본적으로는 가슴보다 위에서 공을 지킨다.

POINT 04
착지하면 공을 빼앗기지 않도록 확실하게 지킨다.

STEP BY STEP Basketball 원포인트 어드바이스

리바운드의 중요성

농구에서는 흔히 "리바운드를 지배하는 자가 경기를 지배한다."라고 말한다. 리바운드를 확실하게 자신들의 것으로 만들면 공격 횟수를 늘릴 수 있으며, 팀 동료가 슛을 실패하더라도 리바운드로 지원함으로써 실패를 무마할 수 있다. 그리고 슛을 하는 선수는 '슛이 실패해도 팀 동료가 리바운드를 잡아 준다.'고 안심하며 자신있게 슛을 할 수 있다. 그렇기 때문에 리바운드 기술은 소홀히 할 수 없는 것이다.

리바운드의 기초 기술

원 핸드 리바운드

자세
슛 후에는 즉시 상대의 위치를 파악해 골 밑으로 침입하지 못하도록 막는다.

타이밍
가장 높은 위치인 점프의 정점에서 공을 터치한다.

[기술 해설] 더 높은 곳에서 공을 터치한다.

공이 던져진 순간 제대로 블록 아웃(128페이지)을 하지 못해 상대와 리바운드를 경쟁할 때나, 상대편 선수도 리바운드를 위해 뛰어올랐을 때는 한 손으로 공을 잡는 테크닉이 요구된다. 원 핸드 리바운드는 양손보다 높은 곳에서 공에 접촉할 수 있다는 장점이 있는 반면, 한 손인 만큼 공을 잡은 직후 상대에게 빼앗기기 쉽다는 단점도 있다. 그러므로 공을 잡은 다음에는 즉시 다른 쪽 손을 공에 가져가 최대한 높은 위치에서 양손으로 공을 지키는 것이 중요한 포인트다.
한 번의 터치로 공을 몸의 중심으로 끌어당길 수 없을 때는 연속으로 점프하여 여러 차례 공을 터치해 자신이 잡기 쉬운 위치로 공을 가져가는 테크닉도 필요하다. 상황에 맞춰 대응하자.

▶▶▶ 원 핸드 리바운드의 포인트 ①

POINT 01 공을 잡은 다음에는 높은 위치에서 공을 지킨다.

[해설] 착지 후에는 높은 위치에서 공을 지킨다.

공을 컨트롤할 수 있으면 즉시 몸으로 끌어당겨 높은 위치에서 공을 지킨다. 가슴보다 위쪽이 기본이며, 경우에 따라서는 머리보다 높은 위치에 공을 둔다. 그때는 얼굴을 들어 주위의 상황을 잘 살피는 것이 중요한 포인트가 된다.

▶▶▶ 원 핸드 리바운드의 포인트 ②

POINT 02 공을 아래로 내리면 상대에게 빼앗길 가능성이 높아진다.

[해설] 안이하게 공을 내리지 않는다.

원 핸드 리바운드와 투 핸드 리바운드에서 모두 공통되는 것으로, 리바운드를 잡은 뒤에는 안이하게 공을 아래로 내려서는 안된다. 상황에 따라 다르기는 하지만, 공을 아래로 가져가면 그 순간을 노린 상대에게 가로채기를 당할 가능성이 높다.

STEP BY STEP Basketball 리바운드를 잡기 위해 필요한 것

슛을 하면 리바운드에 돌입한다.

키가 크다고 리바운드를 잡을 수 있는 것은 아니다. 리바운드를 잡기 위해서는 '반드시 잡겠다.'는 강한 마음가짐과 공이 어디로 떨어질지 판단하는 능력이 필요하다. 또 하나 간과해서는 안되는 것이 바로 슛을 한 본인이 공격 리바운드를 잡기 위해 뛰어드는 플레이다. 슛을 할 경우 다른 선수의 리바운드에 의지하기 쉬운데, 링을 빗나간 공이 어디로 떨어질지는 슛을 한 본인이 가장 잘 알 것이다. 그런 만큼 리바운드에 가담하는 자세를 중요하게 생각해야 한다.

메뉴 087 — 리바운드

머리 위로 공 던지고 다시 잡기

난이도	★★
인 원	1인~
장 소	어디에서나 가능

목적

장소에 상관없이 혼자서 할 수 있는 메뉴. 점프의 정점에서 공을 잡아 재빨리 끌어당기는 리바운드 감각을 파악한다.

순서

① 공을 머리 위로 던져 올린다.
② 점프해 정점에서 공을 터치하고 재빨리 가슴 위치로 끌어당긴다.

지도자 MEMO

평소 연습 또는 경기 전에 리바운드의 기본을 확인해 두는 것은 중요한 일이다. 혼자서 리바운드의 감각을 파악해 두는 것만으로도 좋은 워밍업이 된다. 공을 빠르게 끌어당기는 것을 항상 염두에 두자.

메뉴 088 — 슛

등이나 어깨로 서로 밀기

난이도	★★
인 원	2인~
장 소	어디에서나 가능

목적

리바운드 싸움에서 승리하기 위해서는 격렬한 몸싸움에서 지지 않아야 한다. 먼저 공이 없는 상황에서의 접촉 플레이에 익숙해진다.

■ 공을 가지지 않은 두 명이 한 조가 되어 서로 어깨나 등으로 민다.

순서

① 2인 1조가 되어 실시한다. 서로 등이나 어깨로 민다.

지도자 MEMO

접촉 플레이에서 상대보다 우위에 서기 위한 포인트는 중심을 낮추고 몸 전체를 효과적으로 활용하는 것이다. 또 상대와의 몸싸움을 피하지 않는 강한 마음가짐도 꼭 필요하다.

리바운드	난이도 ★★
	인원 3인~
	장소 어디에서나 가능

메뉴 089 공중에서 공 뺏기

목적

점프의 타이밍이나 몸을 쓰는 법을 익히기 위해, 지면에 바운드시킨 공을 두 명이 공중에서 다툰다.

■ 3인 1조가 되어 실시한다. 한 명이 공을 들고, 다른 두 명은 서로 마주보고 선다.

■ 공을 가진 사람은 둘 사이에서 공을 크게 바운드시킨다.

■ 두 명은 최대한 높은 위치에서 공에 터치할 수 있도록 타이밍을 잰다.

■ 점프해서 공을 다툰다.

순서

① 3인 1조가 되어 실시한다. 한 명이 공을 들고, 다른 두 명은 서로 마주보고 선다.
② 공을 가진 사람은 둘 사이에서 공을 크게 바운드시킨다.
③ 떨어지는 공을 잡기 위해 두 명이 경쟁한다.

지도자 MEMO

접촉 플레이에 익숙해졌으면 좀 더 실전에 가까운 연습을 통해 리바운드 능력을 높인다. 두 명이 겨루는 도중 양쪽 모두 공을 공중에서 잡지 못해 공이 바닥으로 떨어질 수도 있지만, 그런 루스볼에도 재빨리 대응할 수 있도록 하자. 이 연습을 통해 공에 대한 집념도 키우자.

원포인트 어드바이스

1 대 1과 같은 대인 연습에서는 특히 집중의 끈을 놓지 않도록 하자. 긴장을 풀면 부상으로 이어지기 쉽다. 리바운드에서는 특히 착지하는 순간 상대의 발을 밟아 발목을 삐는 경우도 많으니 주의하자.

리바운드

메뉴 090 서클 블록 아웃

난이도	★★
인 원	2인~
장 소	하프코트

목적

상대를 골에 접근시키지 않는 것이 리바운드를 빼앗는 기본이다. 서클 중앙에 놓인 공을 지키며 몸싸움에서 이기는 움직임을 익힌다.

■ 2인 1조가 되어 실시한다. 서클 중앙에 놓인 공을 한 명은 잡으려 하고, 다른 한 명은 블록 아웃(128페이지)을 해 공을 지킨다.

순서

① 2인 1조가 되어 실시한다. 서클 중앙에 공을 놓는다.
② 한 명이 블록 아웃을 해 상대방의 침입을 막고, 다른 한 명은 공을 잡으려 한다.

지도자 MEMO
공을 지키는 선수는 특히 상대가 공에 접근하지 않도록 유념한다. 양팔과 양다리를 넓게 벌려 상대를 등으로 저지하도록 한다. 서클 중앙에 놓인 공을 잡으러 가는 선수는 수비를 제치고 공을 잡을 수 있도록 노력한다.

 NG
쌍방이 접촉 플레이를 전개하는 가운데 손을 부적절하게 사용하지 않도록 주의하자. 손으로 상대방의 움직임을 멈추려 하거나 밀면 파울이 될 가능성이 높다.

리바운드

메뉴 091 슈터에 대한 블록 아웃

난이도	★★
인 원	2인~
장 소	하프코트

목적

설령 슛을 허용했더라도 집중해서 블록 아웃(128페이지) 태세에 들어가는 습관을 들인다.

- 2인 1조가 되어 실시한다. 수비수가 공격수에게 패스를 하면서 시작한다.

- 공격수는 공을 받는 즉시 슛을 한다. 수비수는 그것을 막으러 간다.

- 슛을 한 후 수비수는 재빨리 몸을 기대고 블록 아웃 자세를 취한다.

- 수비수는 공을 잡으러 가는 상대의 골 밑 침입을 막으면서 공을 잡으러 간다.

순서

① 2인 1조가 되어 실시한다. 먼저 수비수가 공격수에게 패스한다.
② 공격수는 공을 받는 즉시 슛을 한다. 수비수는 그것을 막으러 간다.
③ 슛을 한 후 수비수는 즉시 블록 아웃 자세를 취한다. 그 후에도 상대방의 골 밑 침입을 막으면서 공을 잡으러 간다.

 지도자 MEMO 실전에서처럼 슛을 하는 장소를 골 밑과 미들 레인지, 3점 라인 등 다양한 거리로 설정해 연습하자.

원포인트 어드바이스

리바운드 다툼을 벌인 후 그대로 1 대 1로 연결하는 것도 좋다. 리바운드를 잡은 선수가 그대로 공격을 한다.

리바운드	난이도 ★★★★
메뉴 092 탭	인원 3인~
	장소 골 밑

목적
점프의 정점에서 공을 터치하는 감각을 익힌다. 워밍업의 일환으로 팀 전체가 할 수 있다.

■ 골 앞에 일렬로 선다. 선두에 선 선수는 백보드를 맞고 튀어 나온 공을 터치한 상태 그대로 백보드에 맞힌 다음 맨 뒷줄로 돌아간다. 다음 선수도 이것을 반복한다.

순서
① 골 앞에 줄지어 선다.
② 맨 앞줄에 있는 선수가 백보드에 공을 맞힌 후 맨 뒤에 선다.
③ 다음 선수가 순서대로 공중에서 공을 백보드에 맞히며 공이 떨어지지 않도록 한다.

지도자 MEMO
공을 떨어뜨리지 않고 연습을 계속하려면 공을 공중에서 터치하는 타이밍과 함께 점프력과 강인한 체력도 필요하다. 공을 잡은 채 착지하게 되더라도 실망하지 말고 즉시 점프해 연습을 계속하도록 하자.

원포인트 어드바이스
3인 이하의 적은 인원으로 이 연습을 할 때는 백보드에 맞힌 공을 잡고 일단 착지한 다음 다시 한 번 점프해 백보드에 맞히는 방법도 있다. 이러한 연습을 통해 점프력도 키울 수 있을 것이다.

리바운드

메뉴 093 정글 드릴

난이도 ★★★
인원 3인~
장소 골 밑

목적
골 밑이 혼잡한 상황에서는 리바운드를 잡는 즉시 슛으로 연결한다. 놀이하듯이 즐기면서 연습할 수 있다.

■ 처음 슛을 일부러 빗나가게 한 다음, 참가자들이 리바운드를 다툰다. 공을 잡으면 재빨리 슛을 한다. 슛이 들어갈 때까지 한다.

순서
① 3인 혹은 4인 1조가 되어 실시한다.
② 코치가 일부러 슛을 빗나가게 하면 참가자들은 서로 리바운드를 다툰다.
③ 리바운드를 잡은 선수는 다른 선수를 제치고 슛을 한다. 슛이 들어갈 때까지 한다.

 지도자 MEMO
공이 튀는 패턴과 몸을 쓰는 법을 파악하며 리바운드를 잡는 감각을 익히자.

리바운드

메뉴 094 2 대 2의 블록 아웃

난이도 ★★★
인원 4인~
장소 하프코트

목적
실전과 유사한 상황에서 리바운드 능력을 높인다.

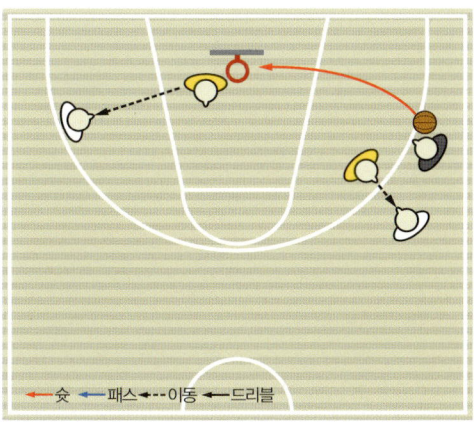

← 슛　← 패스　←-- 이동　← 드리블

순서
① 코치는 공을 들고, 다른 네 명은 그림과 같이 2 대 2의 진형을 취한다.
② 코치는 일부러 빗나가도록 슛을 한다.
③ 서로 리바운드를 다툰다. 수비수 두 명은 블록 아웃을 해 상대에게 공을 빼앗기지 않도록 한다.

 지도자 MEMO
2 대 2 속에 1 대 1을 2조 만들어 볼 사이드의 블록 아웃(던지는 쪽)과 헬프 사이드의 블록 아웃(반대쪽)에서 슛을 익히는 연습이다. 특히 마크하는 선수가 떨어져 있는 경우가 많기 때문에 헬프 사이드의 블록 아웃은 얼마나 빠르게 상대에게 달라붙느냐가 포인트가 된다.

리바운드

메뉴 095 백보드 & 링 터치

난이도	★★
인원	1인~
장소	골 밑

목적
리바운드에 필요한 점프력을 키운다.

순서
① 골 밑에서 최대한 높이 점프한다.
② 백보드(가능하다면 링)를 터치하고 착지한다.

■ 골 밑에서 최대한 높이 점프한다.

■ 백보드를 터치한다. 한발로 도약하는 점프도 연습하자.

지도자 MEMO
점프를 하는 방법에는 양발로 동시에 도약하는 방법과 한발로 도약하는 방법이 있다. 실전에서는 두 방법 모두 필요하므로 높이 뛰는 감각을 익혀 두자.

원포인트 어드바이스
점프력을 높이려면 하반신의 근력과 함께 종합적인 체력이 필요하다. 그러나 성장기에 있는 선수에게 과도한 트레이닝을 시키면 부상당할 위험이 있으니 주의하자.

제6장
개인기를 연마하는 1 대 1
One on One

농구가 팀 스포츠이긴 하지만 선수 개개인이 1 대 1에 강하지 않으면 경기에서 승리할 수 없다. 이를 위해서는 어떻게 상대방을 제치느냐가 중요하다. 완급을 조절하는 플레이를 의식하자.

개인기를 연마하는 1대 1의 기초 기술

[기술해설] 팝 아웃

포지션
골과 가까운 위치에서 아웃사이드로 이동하는 타이밍을 잰다.

POINT 01 골과 가까운 위치에서 움직이기 시작한다. 공을 가진 사람은 드리블을 하며 패스할 준비를 한다.

이동 시작
공을 가진 사람이 드리블을 멈추면 즉시 바깥쪽으로 움직인다.

POINT 02 상대방을 떼어 놓고 패스를 받기 위해 재빨리 아웃사이드로 이동한다.

[기술 해설] 아웃사이드로 움직여 공을 받는다.

패스를 받아 공격 자세로 들어가는 동작을 '볼 미트'라고 한다. 그리고 슛이나 패스, 드리블 등 공을 사용한 기술을 활용하기 위해서는 이 볼 미트를 얼마나 부드럽게 수행할 수 있느냐가 매우 중요하다. 그중에서도 아웃사이드로 나와 패스를 받는 볼 미트는 경기에서 자주 사용되며, '팝 아웃'이라고 부른다. 공을 가진 선수가 드리블을 멈추는 순간이 움직이는 타이밍이다. 또 패스를 받으면 재빨리 골을 마주본다(몸을 정면으로 향한다). 신속한 움직임이 관건이다.

스톱
공을 받은 뒤에는 즉시 다음 동작으로 연결할 수 있도록 확실하게 멈춘다.

POINT 03 상대와 떨어진 거리에서 패스를 받는다.

받은 뒤의 움직임
턴을 한 뒤에는 즉시 주위 상황을 확인한다. 수비수가 떨어져 있다면 슛을 최우선으로 한다.

POINT 04 골을 향해 몸을 돌린다.

STEP BY STEP Basketball 공을 받은 뒤의 움직임

상황에 따라 적절한 스텝을 활용한다.

볼 미트에는 크게 두 가지 방법이 있다. 좌우 교대로 발을 착지시키는 스트라이드 스톱과 두 발을 동시에 착지시키는 점프 스톱이다. 스트라이드 스톱은 달려온 흐름을 그대로 유지하며 공을 받을 수 있다는 이점이 있으며, 점프 스톱은 패스를 받고 나서 피벗풋을 결정할 수 있다는 이점이 있다. 자신을 마크하고 있는 수비수의 상황에 따라 두 스텝을 적절히 활용하자.

볼 키핑	난이도	★
	인 원	2인~
	장 소	어디에서나 가능

메뉴 096 기본자세에서 공 움직이기

목적
공을 양손으로 잡은 기본자세에서 어떤 플레이로도 전환할 수 있는 자세를 익힌다.

- 허리를 낮추고 똑바로 얼굴을 들어 기본자세를 취한다.
- 공을 오른쪽이나 왼쪽으로 움직이면서 자세를 확인한다.

순서
① 볼 키핑 시의 기본 자세를 취한다.
② 그 자세에서 공을 오른쪽이나 왼쪽으로 움직이며 자세를 확인한다.

지도자 MEMO
공을 가지고 있을 때는 어떤 플레이로도 전환할 수 있는 자세를 취하는 것이 기본이다. 구체적으로는 어깨너비보다 조금 넓게 다리를 벌리고 무릎을 적당히 굽힌다. 그리고 똑바로 얼굴을 들고 언제든지 움직일 수 있도록 공을 확실하게 잡는다. 오른쪽이나 왼쪽으로 공을 움직이면서 자세를 철저하게 확인하자.

원포인트 어드바이스
이 자세를 '트리플 스레트'라고도 부른다. 참고로 프로 선수들도 각자의 개성에 따라 공을 잡고 있는 자세가 모두 다르다. 이것은 슛 자세에 들어가는 방법과 슛 자세가 사람마다 다르기 때문이다. 그러나 역시 기본이 중요하므로 이 자세를 확실하게 몸에 익히자.

볼 키핑	난이도 ★★
	인 원 1인~
메뉴 097 **피벗풋**	장 소 어디에서나 가능

목적

수비수에게 공을 빼앗기지 않도록, 공을 가진 기본자세에서 피벗풋을 기점으로 한 움직임을 익힌다.

기본형

■ 공을 들고 볼 키핑 시의 기본자세를 취한다.

피벗풋

■ 한쪽 발을 피벗풋으로 삼고 다른 한쪽 발을 움직이면서 몸의 방향을 바꾼다.

순서

① 공을 들고 볼 키핑 시의 기본자세를 취한다.
② 한쪽 발은 움직이지 않고 피벗풋으로 삼아, 다른 한쪽 발만을 움직여 몸의 방향을 바꾼다.

피벗풋

■ 크게 발을 내딛는 것도 실전에서 도움이 되는 스텝 중 하나다.

피벗풋

■ 피벗풋이 뜨지 않도록 주의하며 뒤를 향한다.

지도자 MEMO
공을 가지고 있을 때 바닥에 붙여 놓는 발을 '피벗풋', 자유롭게 움직일 수 있는 발을 '프리풋'이라고 부른다. 피벗풋을 기점으로 프리풋을 자유자재로 움직여 효과적인 공격을 전개할 수 있다.

원포인트 어드바이스

수비수가 달라붙어 공을 가지고 있는 선수의 움직임에 맞춰 대응하면 경기 감각이 길러진다. 더욱 실전과 가깝게 만들고 싶다면 그대로 1 대 1로 연결한다. 공격과 수비를 교대로 실시하자.

난이도	★★
인 원	3인~
장 소	하프코트

메뉴 098 캐치 & 슛

목적
수비수에게서 떨어지도록 움직여 패스를 받고 그 상태에서 슛으로 연결한다.

순서
① 슛을 하는 공격수(A), 수비수(B), 패스를 하는 선수(코치여도 좋다)의 3인이 1조가 되어 실시한다.

② A는 밖으로 움직여 패스를 받고 그대로 슛을 한다. B는 슛을 저지하려 한다.

■ 수비수(B)는 슛을 하는 공격수(A)를 마크한다.

■ A는 밖으로 움직여 패스를 받는다.

■ A는 패스를 받았으면 골에 몸을 정면으로 향하고 슛 자세에 들어간다.

■ A는 높은 타점에서 점프슛을 한다. B는 이를 막으러 간다.

지도자 MEMO: 패스를 받으면 공을 아래로 내리지 말고 슛 자세에 들어가도록 해야 한다. 패스를 받은 자세에서 공을 아래로 내리면 한 템포가 늦어져 수비가 대응하기 쉬워진다.

드리블&슛		난이도	★★
		인원	3인~
		장소	하프코트

메뉴 099 캐치 & 드라이브

목적
수비수에게서 떨어지도록 움직여 패스를 받고 그 상태에서 드리블로 상대방을 제친 후 슛으로 연결한다.

순서
① 슛을 하는 공격수(A), 수비수(B), 패스를 하는 선수(코치여도 좋다)의 3인이 1조가 되어 실시한다.
② A는 밖으로 움직여 패스를 받는다.
③ A는 패스를 받은 뒤 드리블로 B를 제치고 그대로 슛을 한다.

■ 슛을 할 공격수(A)는 밖으로 움직여 패스를 받는다(B는 수비수).
■ B는 압박을 가하려 앞으로 나온다.

NG
수비수를 제칠 때 드리블이 약하면 수비수가 살짝만 건드려도 공을 빼앗기고 만다. 강한 드리블로 상대방이 공을 건드리지 못하도록 하자.

■ A는 B와의 간격을 확인하며 드리블로 제친다.
■ A는 그대로 레이업슛을 한다.

지도자 MEMO
공을 가지고 있을 때, 수비수와의 간격이 떨어져 있으면 슛을 하고 가까우면 드리블로 상대를 제친 다음 슛 기회를 만드는 것이 공격의 기본이다. 첫 번째 스텝을 크게 해 강한 드리블로 단숨에 제치자.

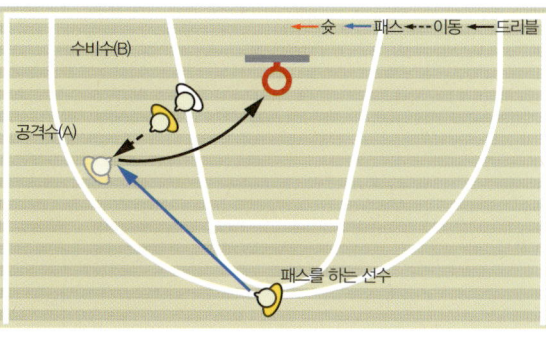

메뉴 100 스텝백

드리블&슛

난이도 ★★★★
인원 3인~
장소 하프코트

목적

수비수에게서 떨어지도록 움직여 패스를 받는다. 그리고 드리블로 상대를 제치는 척하면서 뒤로 물러나 상대와의 거리를 벌린 후 슛을 한다.

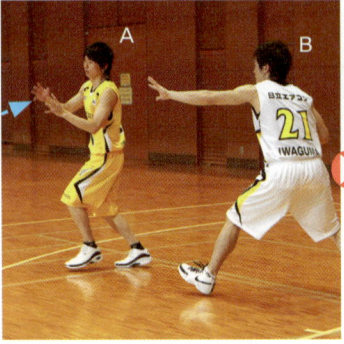
■ 슛을 하는 공격수(A)는 밖으로 움직여 패스를 받는다(B는 수비수).

■ B는 드리블을 저지하기 위해 코스로 들어간다.

순서

① 슛을 하는 공격수(A), 수비수(B), 패스를 하는 선수(코치여도 좋다)의 3인이 1조가 되어 실시한다.
② A는 밖으로 움직여 패스를 받는다.
③ A는 드리블로 B를 제치려 하고, B는 A를 따라간다.
④ A는 드리블 도중 뒤로 크게 스텝을 밟아 B를 떨어트린다.
⑤ A는 B와의 거리가 벌어지면 재빨리 슛을 한다.

■ A는 B의 마크를 떨어트리기 위해 드리블을 하며 뒤로 스텝을 밟는다.

■ A는 B와의 거리가 벌어지면 재빨리 슛을 한다.

지도자 MEMO

뒤로 크게 스텝을 밟으면 몸의 균형이 무너지기 쉽다. 그리고 균형이 무너진 채 슛을 하면 정확한 조준을 하기 어렵다. 따라서 스텝백을 해도 균형을 유지할 수 있는 체력과 강인함이 요구된다.

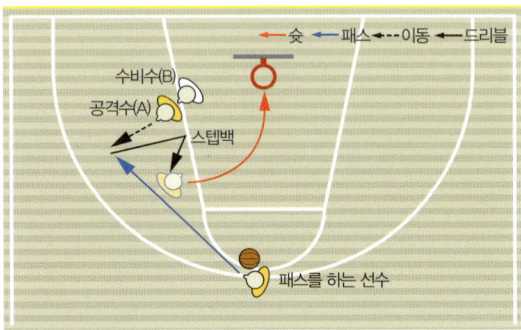

드리블&슛		난이도 ★★★★
메뉴 101	**훼이크 & 고**	인원 3인~
		장소 하프코트

목적

수비수에게서 떨어지도록 움직여 패스를 받는다. 드리블의 완급을 조절하며 상대를 제치고 슛을 한다.

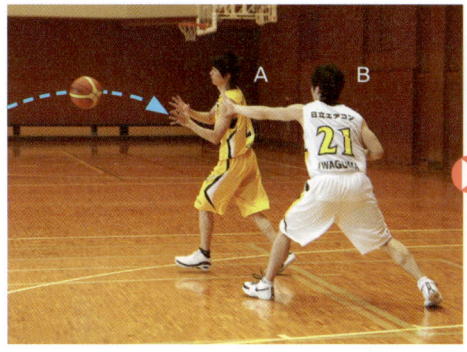 

- 슛을 할 공격수(A)는 밖으로 움직여 패스를 받는다(B는 수비수).
- A는 드리블로 B를 제치기 위해(마크를 떼어내기 위해) 일단 속도를 떨어트린다.

- 이에 대응해 B가 속도를 줄이는 순간, 재빨리 속도를 높여 A가 B를 제친다.
- A는 B를 제쳤으면 그대로 슛을 한다.

순서

① 슛을 하는 공격수(A), 수비수(B), 패스를 하는 선수(코치여도 좋다)의 3인이 1조가 되어 실시한다. 시작 위치는 왼쪽의 메뉴와 동일하다.
② A는 밖으로 움직여 패스를 받는다.
③ A는 드리블로 B를 제치려 하고, B는 A를 따라간다.
④ 드리블 도중 속도를 줄인다. B도 여기에 대응한다.
⑤ 드리블 속도를 갑자기 높여 B를 제친다. 그 후 슛을 한다.

 지도자 MEMO 1 대 1에서 공격수가 수비수를 이기기 위해서는 속도의 완급 조절도 중요한 포인트다. 이 연습에서도 속도를 떨어트리고(일단 그곳에서 멈추고) 다시 속도를 높일 때의 완급 차이를 크게 하면 수비수가 대응하기 어려워진다.

드리블&슛

메뉴 102 리버스 피벗

난이도	★★★
인 원	3인~
장 소	하프코트

목적

수비수에게서 떨어지도록 움직여 패스를 받는다. 그 후 리버스 피벗으로 몸을 반대로 돌려 상대를 제치고 슛을 한다.

■ 슛을 할 공격수(A)는 밖으로 움직여 패스를 받는다(B는 수비수).

■ A는 B에 대해 비스듬하게 선다.

순서

① 슛을 하는 공격수(A), 수비수(B), 패스를 하는 선수(코치여도 좋다)의 3인이 1조가 되어 실시한다.
② A는 밖으로 움직여 패스를 받는다.
③ A는 패스를 받았으면 B에 대해 비스듬한 자세를 취한다.
④ A는 B와 가까운 쪽의 발을 축으로 삼아 향하고 있는 방향과 반대쪽으로 턴한다.
⑤ A는 B를 제쳤으면 그대로 슛을 한다.

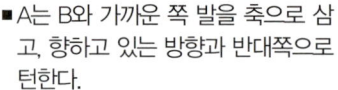
■ A는 B와 가까운 쪽 발을 축으로 삼고, 향하고 있는 방향과 반대쪽으로 턴한다.

■ A는 B를 제쳤으면 그대로 슛을 한다.

지도자 MEMO

공을 받을 때, 특히 강한 압박을 가하는 상대에게 효과적이다. 가장 큰 포인트는 피벗풋을 움직이지 않도록 주의하며 재빨리 몸을 돌리는 것이다. 또한 균형이 흐트러지지 않도록 유지하며 슛으로 연결하는 것도 중요하다.

드리블&슛

메뉴 103 잽스텝

난이도 ★★★
인원 3인~
장소 하프코트

목적

수비수에게서 떨어지도록 움직여 패스를 받는다. 그 후 잽스텝(한 발을 내딛고, 그 내디딘 발을 다시 되돌리는 움직임)으로 상대와의 거리를 확보해 슛을 한다.

■ 슛을 하는 공격수(A)는 바깥쪽으로 움직여 패스를 받는다(B는 수비수).

■ A는 B를 정면으로 마주한 상태에서 한쪽 발을 크게 내딛는다.

■ B가 이에 대응하기 위해 물러나면 A는 내디뎠던 발을 재빨리 되돌린다.

■ A는 B와의 거리가 벌어졌으면 그대로 슛을 한다.

순서

① 슛을 하는 공격수(A), 수비수(B), 패스를 하는 선수(코치여도 좋다)의 3인이 1조가 되어 실시한다. 시작 위치는 메뉴 102와 동일하다.
② 슛을 하는 선수는 밖으로 움직여 패스를 받는다. 그 후 수비수와 정면으로 마주한다.
③ 한쪽 발을 크게 내딛는다. 그리고 재빨리 그 발을 되돌리며 슛을 한다.

지도자 MEMO 피벗풋을 바닥에서 떼지 않고 다른 한쪽 발을 교묘히 사용하는 훼이크다. 또한 메뉴 98~103은 같은 움직임의 변형이다. 기본적인 난이도 순으로 소개했으니 수준에 맞춰 서서히 단계를 밟아 나가자.

 NG 패스를 받은 뒤 첫 번째 스텝의 폭이 좁으면 수비가 걸려들지 않고, 반대로 스텝이 너무 넓으면 몸의 균형이 흐트러진다. 그러므로 프리풋을 되돌릴 때, 균형을 유지할 수 있을 정도의 폭이 적절하다고 할 수 있다.

인사이드의 1 대 1 공방

개인기를 연마하는 1대 1의 기초 기술

양손
양손을 올려 상대를 블록하면서 공을 가진 선수에게 패스 코스를 가리킨다.

자세
다리를 살짝 벌리는 등 몸 전체를 효과적으로 사용해 상대방을 봉쇄한다.

[기술 해설] 몸 전체로 상대방을 블록한다.

당연한 말이지만, 슛은 골과의 거리가 가까울수록 성공률이 높아진다. 그런 만큼 인사이드(골에서 가까운 지역)에서는 상대가 공을 잡지 못하도록 강하게 수비한다.
그래서 필요한 것이 몸 전체로 블록하면서 공을 받는 기술이다. 양손을 들어 패스 컷을 노리는, 등 뒤의 수비수의 움직임을 봉쇄하면서 공을 가진 선수에게 패스 코스를 제시한다.

▶▶▶ 인사이드의 1 대 1 공방 포인트 ①

POINT 01 몸을 확실하게 밀착시키고 패스를 요구한다.

[해설] 몸을 효과적으로 사용한다.

패스를 방해하려는 수비수를 블록하기 위해서는 상대방에게 몸을 확실하게 밀착시키는 것이 중요한 포인트다. 이를 위한 방법 중 하나가 상대의 넓적다리에 엉덩이를 대는 듯한 자세로 접촉하는 것이다. 몸을 얼마나 효과적으로 활용하느냐가 인사이드에서의 공방을 좌우하는 열쇠가 된다.

▶▶▶ 인사이드의 1 대 1 공방 포인트 ②

POINT 02 공을 받았으면 상대에게서 먼 위치에 공을 둔다.

[해설] 공을 확실하게 지킨다.

인사이드의 선수는 패스를 받았으면 자신을 마크하는 상대와 먼 위치에서 확실하게 공을 지키고 주위 상황을 확인한다. 그리고 자신을 마크하는 선수와의 거리가 벌어져 있을 경우에는 바로 슛하고, 마크가 없는 선수가 있으면 패스를 하는 등 재빨리 다음 단계로 연결한다.

▶▶▶ 인사이드의 1 대 1 공방 포인트 ③

POINT 03 패스를 하는 선수는 바운스 패스 등 상황에 따라 적절한 패스를 한다.

[해설] 패스의 종류를 연구한다.

인사이드에서의 1 대 1 공방에서 승리하기 위해서는 인사이드의 선수에게 어떤 패스를 하느냐도 중요하다. 자주 사용되는 패스는 발 쪽의 패스 코스를 노리는 바운스 패스와 팀 동료의 머리 위로 던지는 패스다. 패스를 하는 선수는 확실하게 패스가 전달되도록 상황에 맞춰 적절한 패스를 구사하자.

드리블&슛

난이도	★★
인 원	2인~
장 소	골 밑

메뉴 104 파워 드리블 & 훅슛

목적
골과 가까운 위치에서 실시한다. 강하게 공을 팅기고 그 바운드의 기세를 이용해 훅슛으로 연결시킨다.

순서
① 골과 가까운 제한 구역 라인 근처에서 시작하는 1 대 1. 먼저 공격수(A)는 드리블을 하면서 상황을 살핀다(B는 수비수).
② A는 타이밍을 봐서 강하게 공을 팅기고 수비수 쪽의 발을 힘차게 내딛는다.
③ A는 몸으로 수비수를 블록하면서 지면에서 바운드된 공의 기세를 이용해 자연스러운 흐름으로 훅슛을 한다.

■ 골 근처에서 1 대 1로 시작한다. 먼저 공격수(A)가 드리블을 한다(B는 수비수).

■ A는 타이밍을 봐서 강하게 공을 팅기고 수비수 쪽의 발을 힘차게 내딛는다.

■ A는 몸으로 수비수를 블록하면서 훅슛을 한다.

■ 지면에서 바운드된 공의 기세를 이용해 자연스러운 흐름으로 슛을 한다.

> **지도자 MEMO**
> 골 근처에서 공을 팅길 경우, 자신을 마크하는 선수뿐만 아니라 다른 수비수도 공을 가로채고자 손을 뻗는다. 그런 만큼 낮고 강한 드리블이 필요하다.

드리블&슛

메뉴 105 리버스턴 후 다음 슛

난이도 ★★★
인원 2인~
장소 골 밑

목적

골과 가까운 위치에서 실시한다. 드리블을 하면서 리버스턴(반전)으로 상대를 제치고 슛을 한다.

순서

① 골과 가까운 제한 구역 라인 근처에서 시작하는 1 대 1. 먼저 공격수(A)는 드리블을 하면서 상황을 살핀다(B는 수비수).
② A는 타이밍을 봐서 리버스턴을 한다.
③ A는 B를 제쳤으면 그대로 슛을 한다.

■ 골 근처에서 1 대 1로 시작한다. 먼저 공격수(A)가 드리블을 한다(B는 수비수).

■ A는 타이밍을 봐서 리버스턴 한다.

■ A 중심의 연습이므로 B는 필요 이상으로 마크하지 않는다.

■ A는 B를 제쳤으면 그대로 슛을 한다.

지도자 MEMO
골 밑에서 슛을 시도하기 전에 주의해야 할 점이 턴을 하는 타이밍이다. 특히 상대가 자신보다 키가 클 경우에는 마크를 제치지 않으면 슛을 성공시키기 어렵다. 따라서 수비에게 읽히지 않도록 교묘하게 턴을 하는 기술이 요구된다.

드리블&슛

메뉴 106

난이도 ★★
인원 3인~
장소 골 밑

크로스 스크린에서의 1 대 1

목적

크로스 스크린이란 제한 구역을 가로질러 실시하는 크로스 플레이다. 그 움직임을 익힘과 동시에 스크리너가 수비로 전환하며 그대로 1 대 1 연습으로 연결한다.

■ 공격수(A)와 스크린을 건 다음 수비수가 되는 선수(B)는 사진의 위치에서 시작한다.

■ B는 골 근처로 이동하고 A는 그 옆을 지나간다.

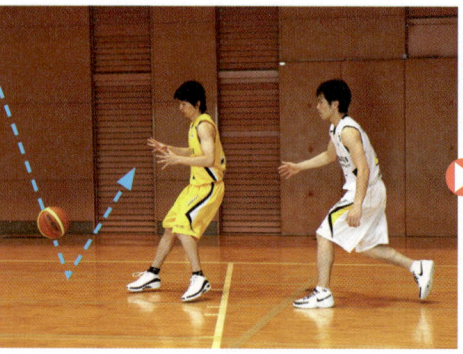
■ 이동 후 A는 좋은 타이밍에 패스를 받는다.

■ B는 수비로 돌아서 그대로 1 대 1을 시작한다.

순서

① 슛을 하는 공격수(A)와 스크린을 건 다음 수비수가 되는 선수(B), 패스를 하는 선수(코치여도 좋다)의 3인이 1조가 되어 실시한다. A와 B는 사진의 위치에서 시작한다.
② B는 골 밑 근처로 이동한다.
③ A는 스크린을 이용하는 느낌으로 B의 바로 옆을 지나간다.
④ 이동 후 A는 패스를 받는다. B는 수비로 돌아서 1 대 1을 시작한다.

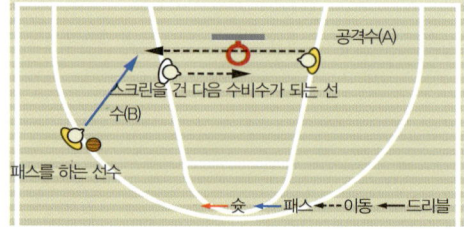

 지도자 MEMO 골 밑에서 패스를 받기 위해서는 움직이는 것도 중요하다. 연습을 통해 움직이며 패스를 받는 습관을 들이자.

제7장
연계 플레이
Team Work

연계 플레이를 익히기 위해 중요한 것은 먼저 2 대 2에서 짜임새 있게 공격하는 것이다. 공격을 할 때는 스크린플레이 등을 구사하면서 반드시 슛까지 연결하는 것을 목표로 삼는다.

연계 플레이의 기술 해설

2 대 2 플레이

공을 가진 선수
노마크 선수가 있으면 즉시 패스를 할 수 있도록 항상 주위를 살핀다.

POINT 01 공을 가진 선수는 주위를 살피면서 공을 확실하게 지킨다.

드리블
드리블 중에도 얼굴을 들어 주위의 상황을 확인한다.

POINT 02 공을 가진 선수는 국면을 타개하기 위해 드리블로 이동한다.

[기술 해설] 팀 동료와 호흡을 맞춘다.

1 대 1에서 공격을 적극적으로 시도하는 것은 매우 중요하다. 그러나 수비수에게 철저하게 마크 당하고 있을 때에는 팀 동료와 협력하지 않으면 좀처럼 득점을 얻을 수 없다.
팀플레이를 통한 공격 방법을 몸에 익히기 위해서는 먼저 2 대 2에서 공을 다루는 법을 익히면 다음 단계로 넘어가기 쉬워진다. 그 대표적인 연습이 지금 소개하는 '드리블 폴로'다. 드리블을 하면서 타이밍을 재는 플레이를 통해 두 사람의 타이밍을 생각해 보자.

패스를 받는 선수
공을 가진 선수는 자신의 마크를 떼어내기 위해 드리블을 멈추고 날카롭게 빈 공간으로 이동한다.

POINT 03 또 한 명의 공격수는 공을 가진 선수가 있었던 위치로 날카롭게 이동한다.

패스를 받은 후의 움직임
패스를 받았으면 즉시 골 방향을 향하는 것이 기본이다. 공을 받기 전에 상대의 상황을 확인해 두자.

POINT 04 패스를 받았으면 골 쪽을 향하며 재빨리 다음 동작에 들어간다.

STEP BY STEP Basketball 2 대 2 플레이의 포인트

빈 공간으로 달려 들어가 패스를 받는다.

이 움직임은 2 대 2 플레이에서 가장 중요한 패턴 중 하나다. 실전에서는 항상 공간을 의식하는 것이 중요하다. 이 패턴에서는 공을 가진 선수가 드리블로 이동하여 빈 그 공간(원래 공을 가진 선수가 있었던 공간)을 이용한다. 패스를 받는 선수에게는 노마크 상태에서 공을 받기 위한 날카로운 움직임이나 골 방향으로 향하는 등의 연구가 필요하다. 움직이는 감각을 몸에 익힐 때까지 천천히 연습하면 좋을 것이다.

연계 플레이

메뉴 107 볼사이드컷

난이도 ★★
인원 4인~
장소 하프코트

목적

골을 향해 달려 들어오면서 패스를 받아 그대로 슛으로 연결하는 움직임을 몸에 익힌다. 이와 같이 수비수 앞을 달리는 움직임을 '볼사이드컷'이라고 부른다.

- 2 대 2로 실시한다. 공을 가진 선수(A)와 다른 한 명의 공격수(B), 수비수는 사진과 같은 배치로 시작한다.
- A는 드리블을 하며 오른쪽으로 이동한다. 그 후 마크를 떼어내기 위해 L자 모양으로 움직인 B에게 패스를 한다.

- A는 B에게 패스하는 즉시 자신을 마크하고 있는 수비수 앞을 달린다.
- A는 B에게서 리턴 패스를 받아 그대로 슛을 한다.

지도자 MEMO
농구에서는 패스 후에도 멈춰있지 않고 계속해서 움직이는 것이 기본이다. 설령 패스를 받지 못하더라도 자신이 있던 공간에 다른 선수가 달려 들어와 공격을 전개할 수도 있다. 연습을 할 때도 패스 직후 움직이는 것을 염두에 두어야 한다.

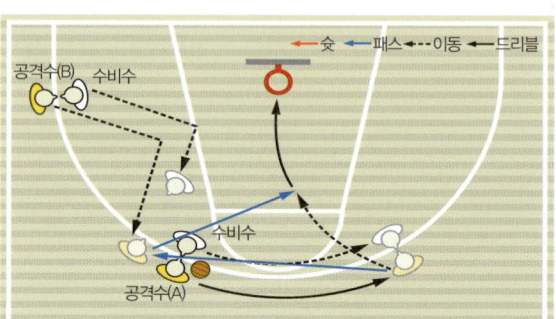

연계 플레이	난이도 ★★
메뉴 108 **블라인드컷**	인원 4인~
	장소 하프코트

목적

블라인드컷은 메뉴 107과 같이 '볼사이드컷'을 하기 위해 달려 들어간 것을 수비수가 저지했을 때 대응할 수 있는 효과적인 움직임이다. 수비수의 등 뒤로 달려 공간을 만든다.

- 2 대 2로 실시한다. 공을 가진 선수(A)와 다른 한 명의 공격수(B), 수비수는 사진과 같은 배치로 시작한다.

- A는 B에게 패스하고 자신을 마크하고 있는 수비수의 등 뒤로 달린다.

- A는 골 방향으로 달려 들어오면서 리턴 패스를 받는다. B는 패스의 타이밍이나 세기를 잘 조절한다.

- A는 B에게서 리턴 패스를 받아 그대로 슛을 한다.

지도자 MEMO
볼사이드컷을 하는 것처럼 달려 들어가 블라인드컷으로 전환한다. 수비수가 블라인드컷을 경계한다면 볼사이드컷으로 전환한다. 이런 식으로 수비수와의 공방을 진행하면 노마크 상황을 만들 수 있다.

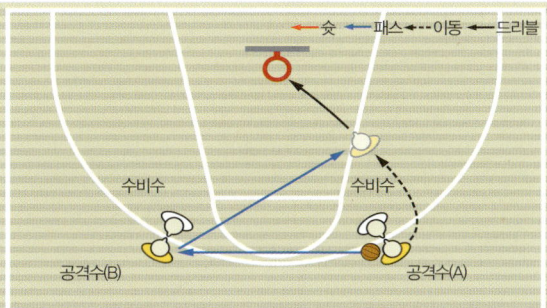

| 연계 플레이 | 난이도 ★★★ |
| 인 원 4인~ |
| 장 소 하프코트 |

메뉴 109 윙끼리의 연계 플레이

목적

윙끼리의 연계 플레이로 득점하는 움직임을 익힌다. 공을 가진 선수는 드리블로 수비수를 제치는 시도를 하고 다른 수비수가 접근하면 노마크 상태의 동료에게 패스하며, 그 동료는 그대로 슛을 한다.

- 2 대 2로 실시한다. 공을 가진 선수(A)와 다른 한 명의 공격수(B), 수비수는 사진과 같은 배치로 시작한다.
- A는 드리블로 수비수를 제치는 시도를 한다. 다른 한 명의 수비수가 접근하면 패스한다.

- B는 패스받기 쉽고 슛을 하기 좋은 위치로 미리 이동하여 패스를 받는다.
- B는 패스를 받는 즉시 슛을 한다. 패스를 허용한 수비수는 즉시 마크하러 간다.

지도자 MEMO

공을 가지고 있는 선수가 액션을 취했을 때 다른 선수들은 어디로 움직여야 효율적일지를 생각하는 것이 중요하다. 그리고 패스를 하는 타이밍이 실전에서도 부드럽게 이어지도록 연습을 할 때 반복해서 실시할 필요가 있다. 또 동시에 드리블로 상대를 제친 뒤의 연계 플레이도 확인해 두도록 하자.

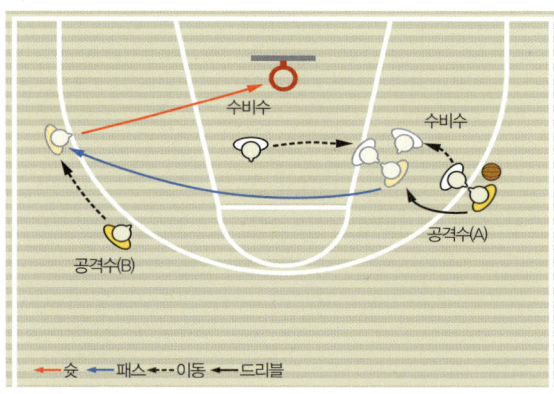

연계 플레이

메뉴 110 윙과 포스트맨의 2 대 2

난이도 ★★★
인원 4인~
장소 하프코트

목적

포스트플레이를 이용하여 득점하기 위한 가장 기본적인 움직임을 익힌다. 윙에서 포스트맨에게 패스하면 포스트맨이 턴이나 스텝을 구사해 수비를 제치고 슛을 한다.

- 2 대 2로 실시한다. 공을 가진 선수(A)와 다른 한 명의 공격수(B), 수비수는 사진과 같은 배치로 시작한다.
- A는 타이밍을 봐서 B에게 패스한다.

- B는 공을 받았으면 상황에 맞춰 턴이나 스텝을 구사하며 골을 노린다.
- B는 수비수를 제쳤으면 재빨리 슛을 한다.

 지도자 MEMO

포스트맨에게 패스할 때는 바운스 패스가 기본이다. 패스를 받는 타이밍을 재기 쉽기 때문이다. 패스를 하는 선수는 수비수가 어떻게 대응하고 있는지 확인 후 패스한다는 생각을 잊지 말자.

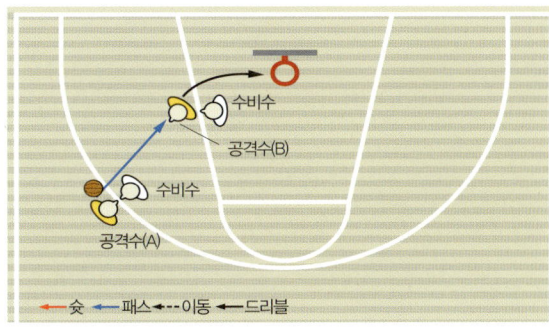

연계 플레이

메뉴 111 인사이드 아웃

난이도 ★★★
인원 4인~
장소 하프코트

목적

윙과 포스트맨의 연계 플레이를 통해 득점하는 움직임을 익히기 위한 메뉴. 인사이드에서 보낸 패스를 아웃사이드에서 받아 그대로 슛으로 연결한다.

■ 공을 가진 선수(A)와 다른 한 명의 공격수(B), 수비수는 사진과 같은 배치로 시작한다. A는 B에게 패스한다.

■ 수비수는 1 대 2의 상황을 만들기 위해 B에게 체크를 들어간다.

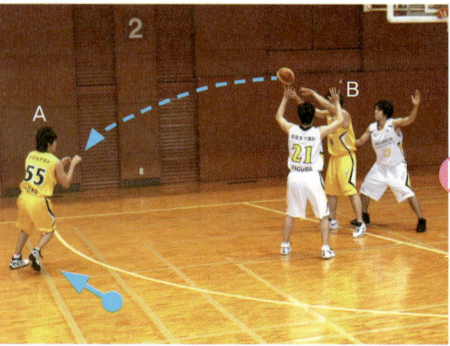

■ A는 이동해 B에게서 리턴 패스를 받는다.

■ A는 패스를 받았으면 재빨리 슛을 한다.

지도자 MEMO 아웃사이드에서 슛을 하는 선수에게 인사이드에서의 패스, 즉 정면에서 오는 패스는 슛으로 연결하기 쉽다고 한다. 그런 만큼 포스트맨이 패스를 전개하는 이 '인사이드 아웃'은 중요한 플레이다. 인사이드에서 공을 받을 때는 실전이라 생각하며 확실하게 움직이도록 하자.

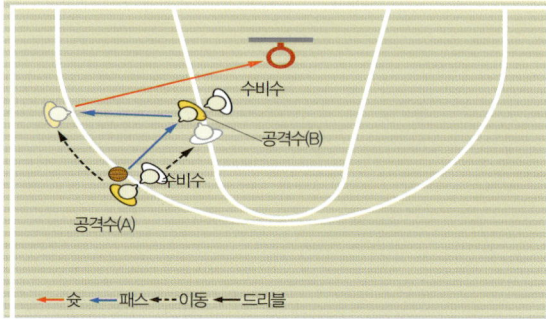

연계 플레이		난이도	★★★
메뉴 112	포스트맨의 스페이싱	인원	4인~
		장소	하프코트

목적

메뉴 111과 마찬가지로 윙과 포스트맨의 연계 플레이를 통해 득점하는 움직임을 익히기 위한 메뉴. 골 밑으로 치고 들어오는 동료를 위해 포스트맨이 공간을 비워 준다.

■ 2 대 2로 실시한다. 공을 가진 선수(A)와 다른 한 명의 공격수(B), 수비수는 사진과 같은 배치로 시작한다.

■ A는 드리블로 자신을 마크하는 선수를 제치는 시도를 한다.

■ B는 A를 위해 공간을 비운다.

■ A는 B가 비워 준 공간을 지나 그대로 슛을 한다.

지도자 MEMO

가드나 포워드가 윙에서 드리블을 하며 안으로 치고 들어와 멈추고, 센터가 아웃사이드에 포지션을 잡으면 포지션 체인지와 같은 형태가 된다. 전원이 올라운드 플레이를 익혀 놓으면 이러한 상황을 효과적으로 활용할 수 있다.

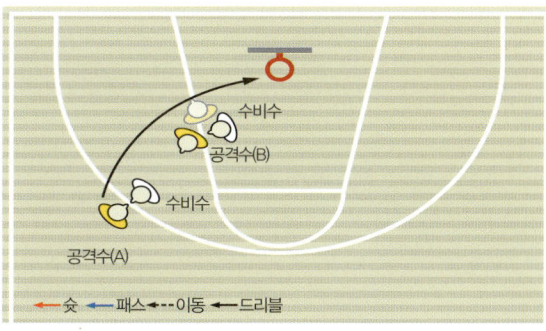

연계 플레이 | 난이도 ★★★
| 인 원 4인~
| 장 소 하프코트

메뉴 113 하이 & 로

목적

하이 포스트(자유투 라인 근처)에서 로 포스트(골과 가까운 제한 구역 라인 근처)로 패스해 그대로 슛으로 연결한다.

■ 공격수(A, B)와 수비수, 패스를 하는 선수(코치여도 좋다)는 사진과 같은 배치로 시작한다.

■ A가 하이 포스트로 이동해 패스를 받는다.

■ A는 하이 포스트에서 패스를 받았으면 상황을 봐서 B에게 패스한다.

■ B는 로 포스트에서 패스를 받았으면 재빨리 슛으로 연결시킨다.

지도자 MEMO

두 명의 포스트맨을 효과적으로 활용하는 공격인 만큼 높이가 있는(키가 큰) 선수가 여러 명 있는 팀에게 효과적인 공격법이다. 그런 팀은 이 연습을 반복해 확실하게 몸에 익히도록 하자. 또 이 메뉴와 반대로 로 포스트에서 하이 포스트로 패스하는 '로&하이'라는 플레이도 실전에서는 효과적이다.

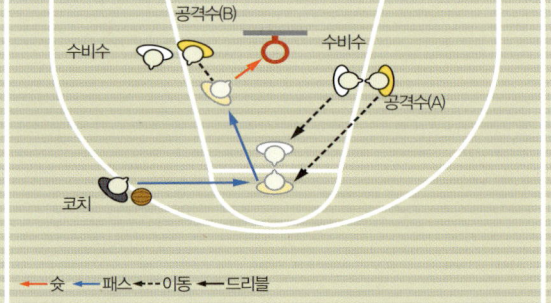

연계 플레이

메뉴 114 파워 드리블 & 세트 플레이

난이도 ★★★
인원 4인~
장소 하프코트

목적

포스트맨이 드리블을 할 때, 특히 수비수 두 명이 대응하려고 할 때 효과적이다. 그럴 경우에는 반드시 수비수가 마크하지 못하는 공격수가 생기게 되므로 그 선수를 활용한 득점 패턴을 익힌다.

■ 2 대 2로 실시한다. 공을 가진 선수(A)와 다른 한 명의 공격수(B), 수비수는 사진과 같은 배치로 시작한다.

■ A는 파워 드리블로 슛을 시도하려 한다.

■ B는 자신의 마크가 떨어지면 인사이드의 공간으로 뛰어든다.

■ 인사이드에서 패스를 받았으면 그대로 슛을 한다.

지도자 MEMO
다른 버전으로는 처음에 공을 가진 선수가 베이스 라인을 따라 드리블하는 패턴도 있다. 그때도 다른 한 명의 공격수는 자신의 마크가 떨어지면 빈 공간으로 움직여 패스를 받도록 한다. 양쪽 패턴 모두 수행할 수 있도록 연습하자.

← 슛 ← 패스 ←-- 이동 ← 드리블

스크린플레이

유저의 수비: 스크린플레이를 당하더라도 그대로 따라가는 것이 바람직하다.

스크리너: '칸막이'처럼 수비수의 움직임을 막는 역할을 하는 선수

스크리너의 수비: 상황에 따라서는 마크하는 선수를 러너로 바꿀 수도 있다.

유저: 스크린을 이용하는 공격측의 선수. 이 사진에서는 화살표 방향으로 움직이면 자신의 수비수의 마크를 떼어낼 수 있다.

[기술 해설] 2 대 2의 공격에서 빼놓을 수 없는 플레이

'스크린플레이'는 스크린(칸막이)처럼 상대가 진행하려는 코스를 가로막아 움직임을 차단하는 플레이다. 이 플레이는 2 대 2, 나아가서는 팀 전체의 공격 구성에 빼놓을 수 없는 플레이다.

스크리너가 되는 선수는 스탠스를 넓히고 수비수의 움직임을 확실하게 저지할 수 있도록 힘껏 자세를 잡는 것이 중요하다. 그리고 일단 스크린을 설치했으면 움직이지 말아야 한다. 상대의 움직임에 맞춰 스크린의 위치를 바꾸면 자신(공격측)의 파울이 될 경우가 있으니 주의하자.

▶▶▶ 스크린플레이의 포인트 ① (온볼)

POINT 01 유저는 스크리너의 바로 옆을 지나간다.

[해설] 스크리너의 바로 옆을 지나간다.

스크린을 이용할 때, 유저는 스크리너의 바로 옆을 지나가도록 움직인다. 이것은 자신을 마크하는 선수가 확실하게 스크리너에게 걸리도록 하기 위함이다. 또 스크리너의 자세는 팔을 몸쪽으로 붙이고 허리를 낮추는 것이 기본이다. 팔로 상대를 붙잡으면 파울이 된다.

▶▶▶ 스크린플레이의 포인트 ② (오프볼)

POINT 02 공이 없을 때도 스크린을 사용하면 자유로워진다.

[해설] 다양한 장소에서 스크린플레이를 활용한다.

공이 있는 곳에서만 플레이가 펼쳐지는 것은 아니다. 공이 없는 쪽에서도 자유롭게 패스를 받을 수 있도록 하기 위한 다양한 연구가 필요하다. 그중에서도 스크린플레이는 효과적인 방법이다. 스크리너는 공이 있는 쪽의 상황을 파악하면서 유저가 어떤 타이밍에 어디에서 노마크 찬스를 노리려 하는지 간파하고, 유저는 스크린이 설치되는 타이밍을 보면서 행동을 취해야 한다.

STEP BY STEP Basketball   오프볼의 움직임

공을 가지고 있지 않아도 집중력을 잃지 말자.

농구 경기에서 선수 한 명이 공을 가지고 있는 시간은 극히 짧다. 따라서 공을 가지고 있지 않을 때 스크린플레이를 구사하는 등 얼마나 효과적으로 움직일 수 있느냐가 팀 공격의 성패를 크게 좌우한다. 오프볼에서는 집중력이 떨어지기 쉬운데, 오프볼에서의 플레이를 게을리해서는 일류 선수가 될 수 없다. 기본자세(28페이지)를 확실하게 취하고 팀의 승리에 공헌하는 플레이를 하자.

연계 플레이

메뉴 115 픽스크린

난이도 ★★★★
인원 4인~
장소 하프코트

목적

가장 기본적인 스크린플레이의 움직임을 익히기 위한 메뉴. 공을 가진 선수는 스크린을 이용해 자신의 마크를 떼어내고 슛을 한다.

■ 유저(A:여기에서는 공을 가진 선수)에게 스크리너(B)가 접근한다.

■ B는 A를 마크하는 수비수에게 스크린을 건다.

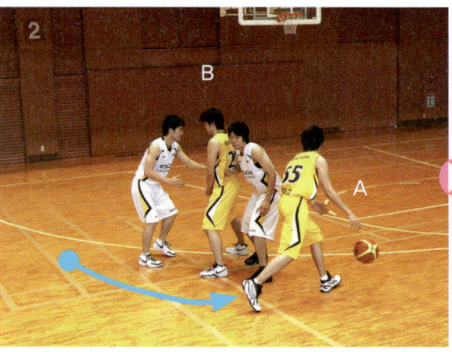

■ A는 스크린을 이용해 자신의 마크를 떼어낸다.

■ A는 노마크 상태에서 슛을 한다.

지도자 MEMO

스크린플레이에서 가장 중요한 것은 스크린을 사용하는 선수, 즉 유저가 수비수 옆을 아슬아슬하게 지나가는 것이다. 기본이 되는 플레이로 서로 스칠 정도로 가깝게 움직인다고 해서 '브러싱'이라고도 부른다. 연습을 할 때부터 최대한 가깝게 움직이는 것을 염두에 두자.

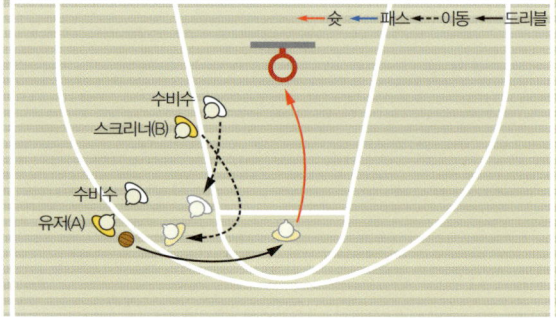

연계 플레이

메뉴 116 픽 & 롤

난이도 ★★★★★
인원 4인~
장소 하프코트

목적

메뉴 115의 발전형. 픽스크린(170페이지)을 했을 때 수비수가 유저를 막으러 올 때가 있는데, 그럴 때 스크리너가 골 방향으로 달려 패스를 받아 슛으로 연결한다.

■ 유저(A:여기에서는 공을 가진 선수)는 스크리너 (B)가 설치한 스크린을 이용해 마크를 떼어낸다.

■ B의 수비수는 마크하는 상대를 바꿔 A에게 달라 붙는다.

■ B는 수비수의 움직임을 보고 골을 향해 달린다.

■ B는 패스를 받아 그대로 슛을 한다.

지도자 MEMO

스크린플레이를 할 때는 유저도 스크리너도 시야를 넓게 유지하는 것이 포인트다. 자신을 마크하는 수비수 이외의 다른 수비수의 움직임까지 생각하며 항상 전체적인 상황을 파악하도록 노력하자. 이것이 가능해야 비로소 수비수의 대응을 피할 수 있게 된다.

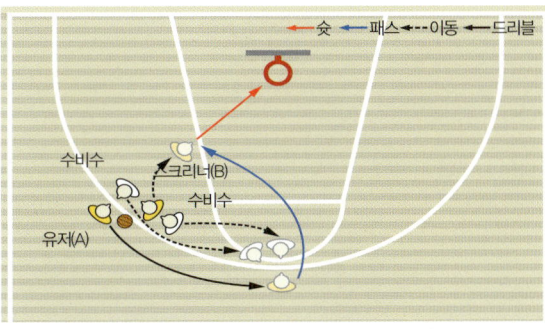

연계 플레이

메뉴 117 픽 & 팝

난이도 ★★★★★
인원 4인~
장소 하프코트

목적

픽&롤(171페이지)을 구사하면 수비수는 종종 골 밑을 경계한다. 이 때 스크리너는 미들 레인지로 이동해 노마크 상태에서 슛을 한다.

- 유저(A:여기에서는 공을 가진 선수)는 스크리너(B)가 설치한 스크린을 이용해 이동한다.
- B의 수비수는 마크하는 상대를 바꿔 유저를 따라간다.

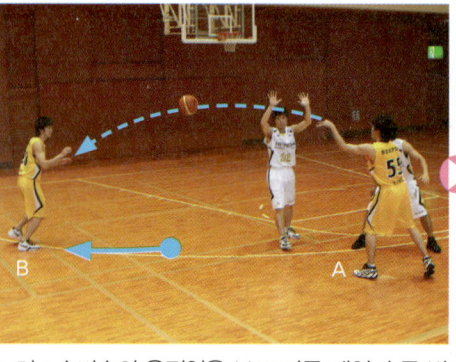

- B는 수비수의 움직임을 보고 미들 레인지 등 빈 공간으로 움직인다.
- B는 패스를 받아 그대로 슛을 한다.

지도자 MEMO
이 메뉴의 발전형으로, 패스를 받아 슛을 할 때 수비수가 앞에 나타나면 그것을 훼이크로 한 번 제친 다음 슛을 하는 연습도 해 두자. 이와 같이 플레이의 폭을 넓혀 나가면 득점할 수 있는 가능성이 더욱 높아진다.

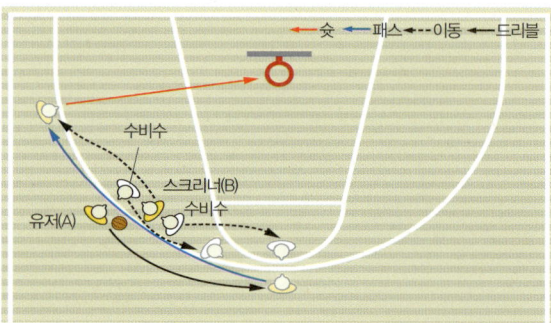

연계 플레이

메뉴 118 리픽

난이도 ★★★★
인원 4인~
장소 하프코트

목적

스크린이 제대로 되지 않았을 때 다시 픽스크린(170페이지)을 걸어 슛으로 연결시킨다.

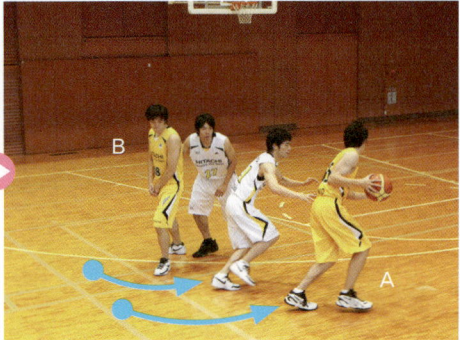

- 스크리너(B)는 유저(A:여기에서는 공을 가진 선수)의 수비수에게 스크린을 건다.
- A는 스크린을 이용해 드리블로 이동한다. 수비수도 따라간다.

- B는 재빨리 턴해 다시 스크린을 시도한다.
- A는 또다시 스크린을 이용한다. 노마크 상태가 되면 슛을 한다.

지도자 MEMO
스크리너는 두 번째 스크린을 걸기 위해 첫 번째 스크린이 끝나면 재빨리 턴하자.

원포인트 어드바이스
경기 시간이 얼마 남지 않았을 때와 같이 반드시 슛을 해야 할 상황이 있다. 그런 상황에서 리픽을 종종 사용한다.

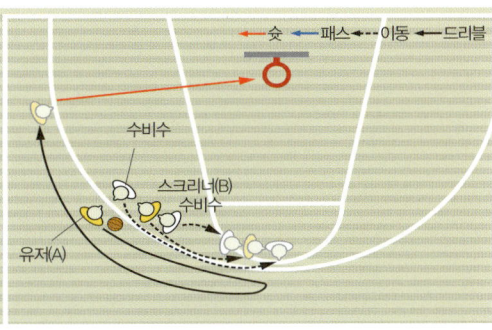

연계 플레이

메뉴 119 픽을 역이용한 드라이브인

난이도 ★★★★
인원 4인~
장소 하프코트

목적

스크린을 이용한 공격 패턴을 늘리기 위한 연습 메뉴. 공을 가진 선수는 스크린에 대응하려는 수비수의 허를 찔러, 스크린을 이용하지 않고 슛을 한다.

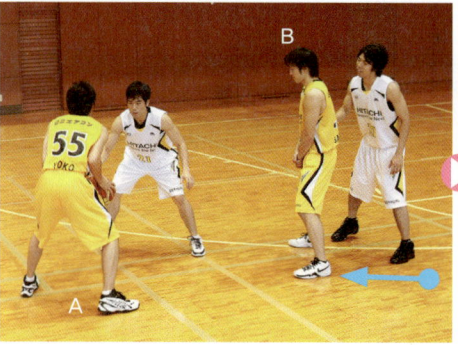

■ 스크리너(B)는 유저(A:여기에서는 공을 가진 선수)의 수비수에게 다가간다.

■ A의 수비수는 B의 스크린을 의식하며 그에 대응하려 한다.

■ A는 수비수의 허를 찔러 B의 스크린을 이용하지 않고 인사이드로 치고 들어간다.

■ A는 수비수의 마크가 떨어졌으면 그대로 슛을 한다.

지도자 MEMO

수비수도 스크린플레이로 공격하려는 의도를 읽고 대응하려고 하기 마련이다. 그 때 허를 찔러 행동할 수 있게 되면 공격의 폭이 넓어진다.

원포인트 어드바이스

2 대 2의 공방을 우세하게 진행하려면 팀 동료와의 의사소통을 꾀하는 것이 중요하다. 공격수는 눈을 맞추며 타이밍을 재도록 하자. 수비수는 소리를 내며 연계 플레이를 꾀해야 한다.

A는 스크린을 이용하지 않고 그대로 골 밑으로 향한다.

연계 플레이		난이도 ★★★★
메뉴 120	슬립	인원 4인~
		장소 하프코트

목적

메뉴 119와 마찬가지로 수비수의 허를 찌르는 움직임이다. 스크리너가 스크린으로 이용되기 전에 골 방향으로 움직여 슛을 한다.

■ 스크리너(B)는 유저(A:여기에서는 공을 가진 선수)의 수비수에게 스크린을 시도한다.

순서

① 2 대 2로 실시한다. 픽스크린(170페이지)과 마찬가지로 스크리너(B:여기에서는 또 한 명의 공격수)는 3점 라인 근처의 유저(A:여기에서는 공을 가진 선수)를 마크하는 수비수에게 스크린을 걸러 간다.

② B는 수비수가 대응할 때 생긴 빈틈을 파고들어, 스크린으로 이용되기 전에 골 밑으로 이동한다. 그 후 패스를 받아 슛을 한다.

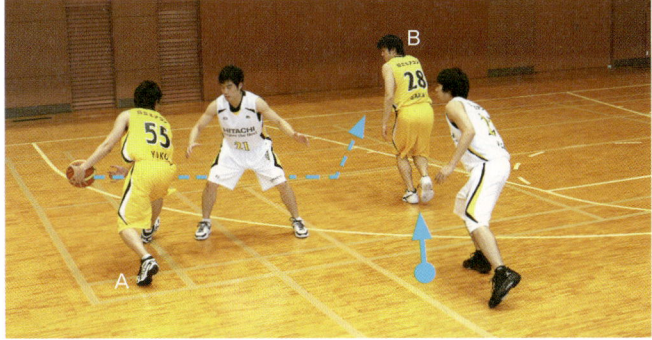

■ B는 수비수의 빈틈을 파고들어 골 밑으로 이동한다. 그 후 패스를 받아 슛으로 연결한다.

지도자 MEMO 유저뿐만 아니라 스크리너도 수비수의 상황을 파악해 두면 공격의 가짓수를 늘릴 수 있다. 특히 골 근처로 파고드는 타이밍을 놓치지 않도록 하자.

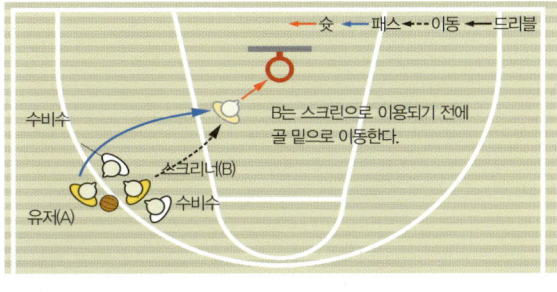

연계 플레이

메뉴 121 어라운드 플레이

난이도 ★★★
인원 4인~
장소 하프코트

목적

스크린플레이의 일종이다. 패스를 한 다음, 공을 받은 선수를 스크린으로 이용해 움직이며 공을 건네받아 슛을 한다.

- 유저(A:여기에서는 공을 가진 선수)는 하이 포스트의 스크리너(B)에게 패스한다.
- A는 패스를 한 다음 달리기 시작해 B에게서 공을 건네받는다.

- 수비수는 B의 방해로 A에게서 떨어진다.
- A는 노마크 상태가 되면 재빨리 슛을 한다.

> **지도자 MEMO**
> 픽스크린(170페이지)이나 픽&롤(171페이지)과 같이 공을 가지고 있는 선수가 유저가 되거나 스크리너가 공을 가지게 되기도 한다. 이 플레이에서는 건네주는 패스를 확실하게 성공시키는 것이 포인트다.

연계 플레이

메뉴 122 | 어라운드 플레이에서 드라이브인

난이도 ★★★★
인원 4인~
장소 하프코트

목적

메뉴 121 '어라운드 플레이'의 변형이다. 스크리너는 패스를 건네받는 척하면서 마크를 떼어내고 스스로 골 밑으로 향해 슛으로 연결한다.

- 유저(A:여기에서는 공을 가진 선수)는 하이 포스트의 스크리너(B)에게 패스한다.
- A는 패스를 했으면 달리기 시작해 B에게 공을 건네받는 척한다.

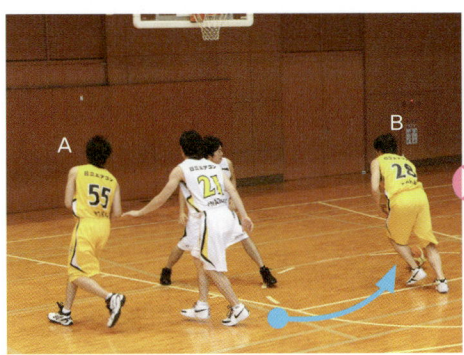

- 수비수는 A를 따라간다. B는 골을 향해 치고 들어간다.
- B는 수비수를 떼어냈으면 재빨리 슛을 한다.

지도자 MEMO

유저와 스크리너 모두 수비수의 움직임을 철저하게 파악하며 의사소통을 꾀하는 것이 중요하다. 또 2 대 2에서 3 대 3으로 인원수를 늘리며 연습하면 세 번째 공격수에게 패스하는 선택이 가능해져 더욱 공격의 패턴을 늘릴 수 있다.

B는 A에게 공을 건네주는 척하면서 직접 골 밑으로 이동해 슛을 한다.

연계 플레이		난이도	★★★
메뉴 123	**다운스크린**	인원	4인~
		장소	하프코트

목적

오프볼(공에서 떨어져 있는 위치)에서도 스크린플레이를 구사하며 노마크 상태로 이어지는 움직임을 익힌다.

- 유저(A:여기에서는 공을 가진 선수)와 스크리너 (B), 수비수, 패스를 하는 선수(코치여도 좋다)는 사진과 같은 배치로 시작한다.

- B는 A의 수비수에게 스크린을 걸러 간다.

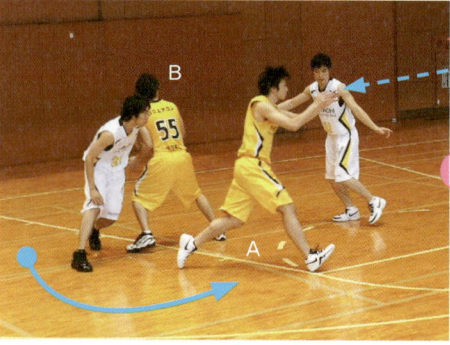

- A는 스크린을 이용하여 패스를 하는 선수에게 공을 받으러 간다.

- A는 노마크 상태에서 공을 받는 즉시 재빨리 슛을 한다.

> **지도자 MEMO**
> 실전에서는 공을 가지고 있지 않을 때도 긴장을 풀지 말고 공을 가지고 있는 쪽에서 어떤 전개가 펼쳐지는지, 그리고 자신의 수비수는 어떤 상황인지 파악해 놓을 필요가 있다. 이 연습에서는 공이 없는 곳에서 노마크 상태로 공을 받기 위한 움직임 중 하나를 익힌다.

연계 플레이

메뉴 124 백스크린

- 난이도 ★★★
- 인원 4인~
- 장소 하프코트

목적

백스크린은 수비수의 등 뒤에서 거는 스크린플레이를 말한다. 백스크린을 이용해 골과 가까운 위치에서 공을 받아 그대로 슛으로 연결한다.

- 유저(A:여기에서는 공을 가진 선수)와 스크리너(B), 수비수, 패스를 하는 선수(코치여도 좋다)는 사진과 같은 배치로 시작한다.
- B는 등 뒤에서 A의 수비수에게 스크린을 걸러 간다.

- A는 스크린을 이용하며 빈 공간으로 이동한다.
- 노마크 상태가 되었으면 패스를 하는 선수에게 공을 받아 재빨리 슛을 한다.

지도자 MEMO
수비수는 기본적으로 골을 등진다. 그리고 등 뒤에서 스크린이 걸리면 허를 찔리는 형태가 된다. 또한 스크린을 걸 때는 상대방이 접촉해도 움직이지 않도록 확실하게 자세를 갖추도록 한다. 접촉한 순간에 비틀거려서는 아무 소용이 없다.

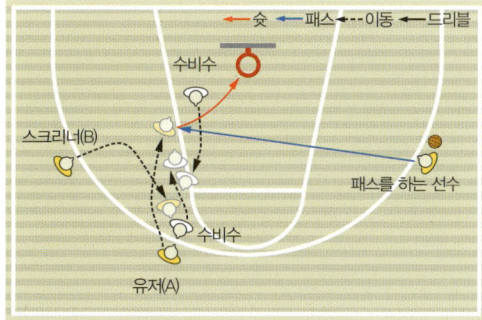

연계 플레이

메뉴 125 사이드 스크린

난이도 ★★★★
인원 4인~
장소 하프코트

목적
스크린을 이용해서 공에서 멀어지도록 움직여, 노마크 상태로 패스를 받아 슛으로 연결한다.

- 유저(A:여기에서는 공을 가진 선수)와 스크리너(B), 수비수, 패스를 하는 선수(코치여도 좋다)는 각각 사진과 같은 배치로 시작한다.

- B는 A의 수비수에게 스크린을 걸러 간다.

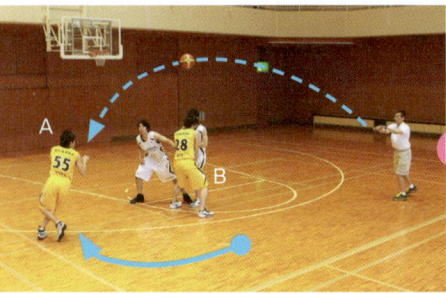

- A는 스크린을 이용하면서 패스를 하는 선수에게서 멀어진다.

- A는 노마크 상태에서 공을 받는 즉시 재빨리 슛을 한다.

지도자 MEMO
이와 같이 공이 없는 사이드에서도 노마크 상태를 만들기 위한 다양한 공방전이 전개된다. 또한 사용자가 공을 가지고 있는 선수에게서 멀어지는 만큼 유저에게 가는 패스가 포물선을 그리는 경우가 많아진다. 패스 속도가 너무 느려지면 수비수에게 차단 당하기 때문에 패스를 하는 선수에게는 유저의 움직임에 맞춰 패스를 하는 기술도 요구된다.

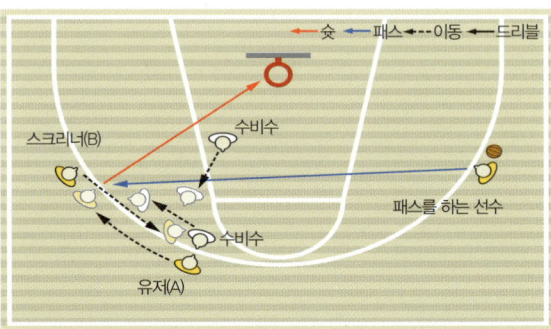

제8장

팀 공격
Team Work

경기에서 팀 전체가 효과적으로 공격하는 방법을 익히려면 역시 실전 형식의 연습이 효율적이다. 공간을 염두에 두면서 목적의식을 갖고 연습에 몰두하자.

팀 공격의 기초 기술

기술해설 속공을 할 때 다섯 명의 역할

윙맨
공수가 뒤바뀐 순간 앞장서서 사이드 라인을 따라 달리는 선수

리딩가드
공을 잡은 선수에게서 즉시 공을 받아 재빨리 앞으로 공을 운반한다.

POINT 01 한 명이 리바운드를 잡으면 리딩가드에게 패스한다.

리딩가드의 움직임
드리블 등으로 공을 재빨리 앞으로 운반한다.

POINT 02 리딩가드는 재빨리 프런트 코트로 공을 운반한다.

[기술 해설] 공을 빼앗았으면 먼저 속공을 의식한다.

상대팀의 실수를 유도해 공을 빼앗았을 때나 상대팀이 던진 슛의 리바운드를 잡았을 때는 공수가 바뀌어 자신들이 공격할 차례가 된다. 그와 같은 공수의 전환을 '트랜지션'이라고 하는데, 당연히 수적으로 유리한 쪽의 득점 가능성이 높아진다. 효과적인 속공을 가할 수 있도록 먼저 '윙맨'이나 '트레일러'의 역할을 이해하자.

리딩가드의 선택
앞에 노마크 선수가 있으면 즉시 패스한다.

POINT 03 드리블을 하는 것 뿐만 아니라 노마크 선수가 있으면 즉시 패스한다.

공 돌리기
최대한 빠르게 공을 돌려 노마크 선수에게 공을 전달한다.

트레일러
뒤에서 달려와 공격의 폭을 넓히는 선수. 수비 리바운드를 잡는 선수가 이 역할을 맡을 때가 많다.

세이프티
프런트 코트로 들어온 뒤, 상대의 속공에 주의하기 위해 약간 뒤쳐져서 포지션을 잡는 선수

POINT 04 재빨리 패스를 돌린 다음 슛을 한다. 한 명은 약간 뒤쳐져서 포지션을 잡는다.

STEP BY STEP Basketball 속공을 할 때 공을 운반하는 법

너무 서둘러서는 안 된다.

다섯 명 중에서도 속공의 열쇠를 쥔 선수는 역시 리딩가드다. 상대의 수비가 몇 명이나 돌아왔는지, 어떤 유형의 선수가 돌아왔는지를 확인해 둘 필요가 있다. 그리고 팀 동료가 달리는 타이밍에 맞춰 드리블 속도를 컨트롤하고, 노마크 선수를 찾아내 패스한다. 이때 중요한 것은 '지나치게 서두르지 않는 것'이다. 상대가 돌아오기 전에 속도감 넘치는 속공을 전개하는 것은 매력적이지만, 너무 서두르면 상황 판단이 둔해져 실수로 이어지고 만다.

난이도	★★★
인 원	3인~
장 소	올코트

팀 공격

메뉴 126 : 속공 시의 2 대 1

목적
공을 빼앗으면 즉시 공격하는 감각을 키운다. 올코트에서 실시하기 때문에 주력도 키울 수 있다.

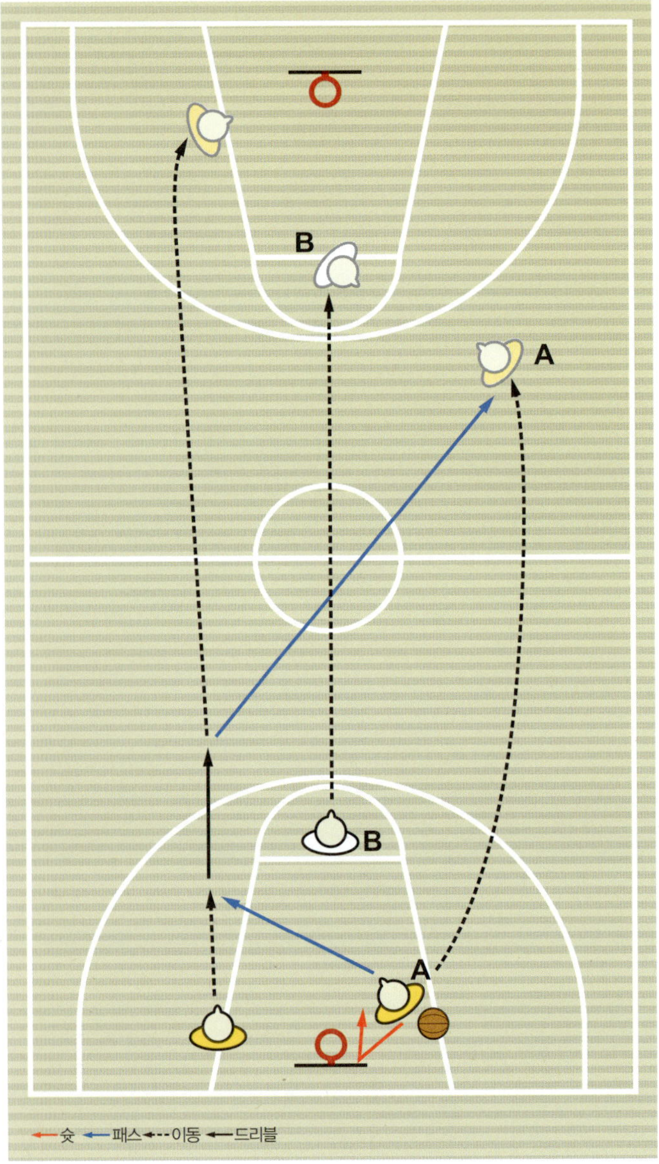

순서
① 올코트에서 실시하는 2 대 1. 그림과 같은 배치에서 공격수(A)가 백보드에 공을 맞힌 후, 그 리바운드를 잡아 출발한다.
② 공격수는 반대쪽 골로 향한다. 드리블로 공을 운반하면 단조로워질 수 있으니 패스를 교환한다.
③ 수비수(B)는 패스 컷을 노리며 출발 지점에서 반대편에 있는 골로 돌아가 공격수가 골을 넣지 못하도록 대응한다. 골이 들어가거나 수비수가 공을 빼앗을 때까지 계속한다.

지도자 MEMO
2 대 1은 압도적으로 공격 측에 유리한 상황이다. 수비수가 수비하는 골과 떨어진 위치에서 드리블을 저지하거나 패스를 차단하려고 하면 다른 한 명의 공격수가 노마크 상태가 되므로 패스 컷을 노리면서 재빨리 돌아오는 것이 기본이다.

변형
이 연습에 익숙해졌으면 왕복하며 반복함으로써 체력을 더욱 향상시킬 수 있다. 선수의 체력과 수준에 맞춰 조절해 나가자.

← 슛 ← 패스 ←--- 이동 ← 드리블

팀 공격		난이도	★★★
		인원	3인~
메뉴 127	**3인 속공**	장소	올코트

목적

세 명이 속공을 펼치는 형태를 익히기 위한 기본적인 메뉴. 실전이라고 생각하며 원활하게 공을 앞으로 운반하는 것을 염두에 둔다.

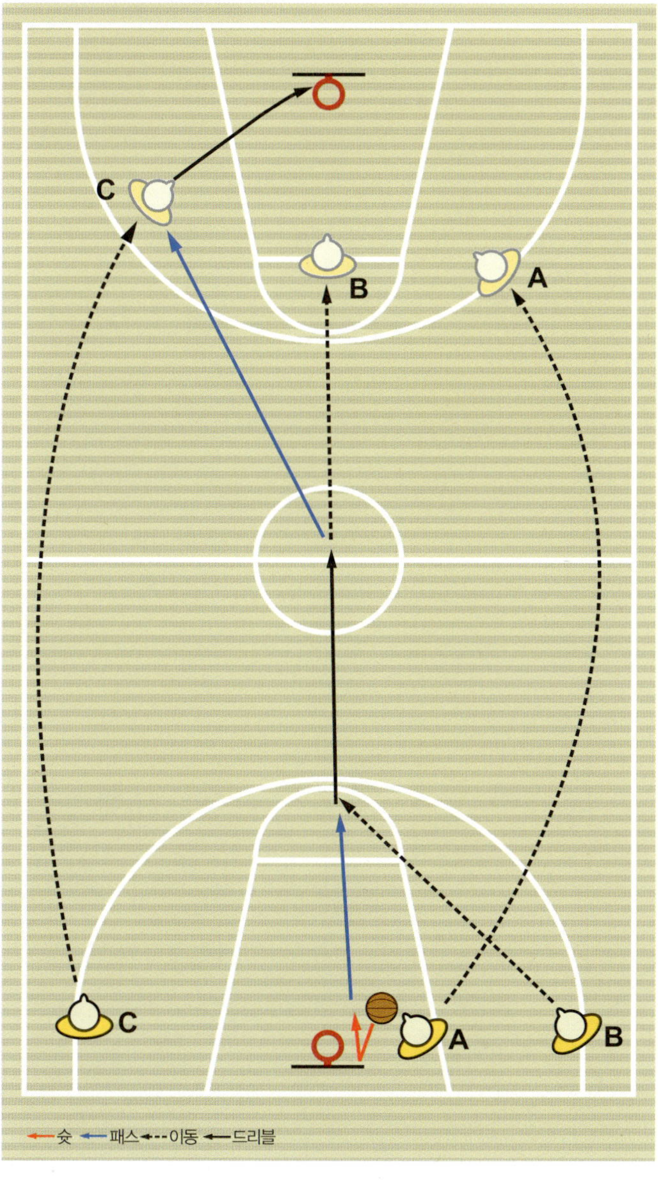

순서

① 3인이 실시한다. 그림과 같은 배치에서 A가 백보드에 공을 맞히고 그 리바운드를 잡아 시작한다.

② B는 시작과 동시에 중앙으로 달려가 패스를 받아 드리블을 한다. A는 패스를 한 다음 사이드 라인을 따라 달린다.

③ C는 시작과 동시에 사이드 라인을 따라 달리며, B에게서 패스를 받아 레이업슛을 한다.

지도자 MEMO
마지막 슛은 레이업슛 외에 오버헤드슛 등을 이용해도 상관없다. 메뉴 126과 마찬가지로 올코트에서 실시하기 때문에 주력 향상으로 이어진다. 워밍업용으로 실시해도 좋을 것이다.

 변형
3인 속공에는 그 밖에도 여러 가지 패턴이 있으니 선수의 개성에 맞춰 다양하게 변형시키는 것이 중요하다. 예를 들어 드리블을 사용하지 않고 패스만으로 전개하는 방법도 있다.

←슛 ←패스 ---이동 ←드리블

팀 공격	난이도 ★★★
	인원 6인~
	장소 올코트

메뉴 128 3선 속공

목적

3인 속공의 가짓수를 늘린다. 다음 그룹에 공을 넘길 때 베이스볼 패스(95페이지)를 사용하면 롱패스 연습도 된다.

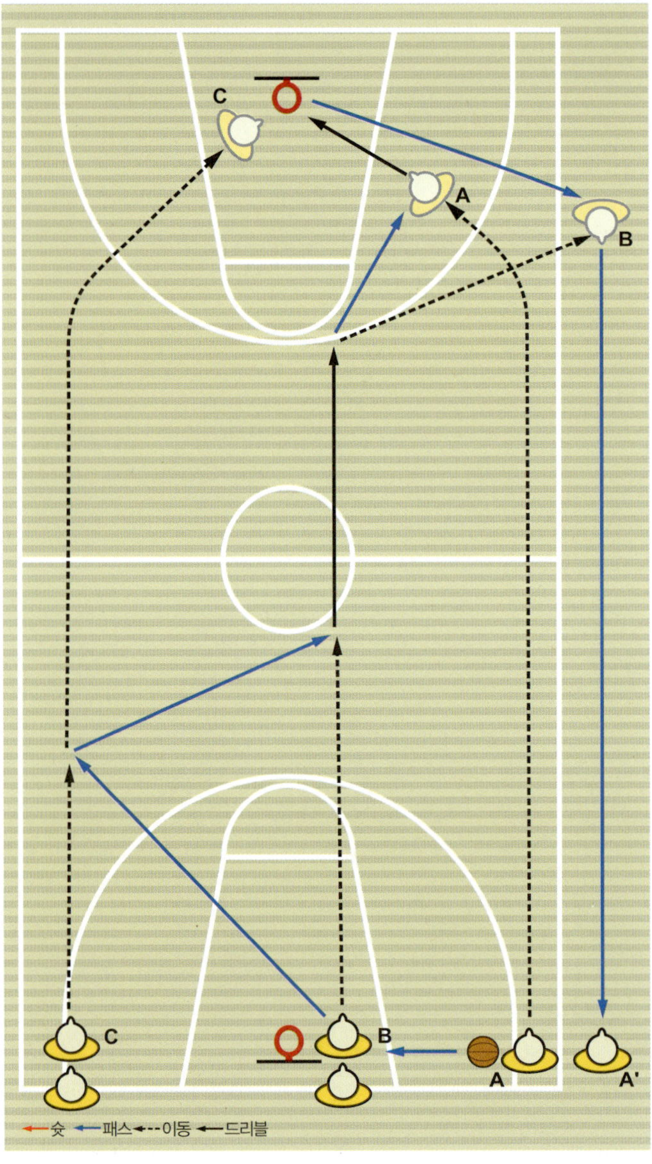

순서

① A, B, C가 그림과 같이 서고 그 뒤에 줄을 선다. A뒤에 있는 A'는 코트 밖에서 대기한다.

② A는 B에게 패스하고 사이드 라인을 따라 달린다.

③ B는 공을 받아 C에게 패스한 후 달리며, 이어서 C에게서 리턴 패스를 받아 드리블로 전진한다. C는 그 후 사이드 라인을 따라 달린다.

④ A는 B에게 패스를 받아 슛을 한다. C는 그 공을 주워 코트 사이드로 나가는 B에게 패스한다.

⑤ 패스를 받은 B는 다음에 출발한 A'에게 베이스볼 패스를 한다.

 지도자 MEMO 롱패스의 감각을 익히는 것도 목적 중 하나다. 그 역할을 맡은 선수(왼쪽 그림의 B)는 재빠른 동작으로 정확한 베이스볼 패스를 할 수 있어야 한다.

 변형 초등학생이나 중학생 등 체력이 충분치 않은 선수는 롱패스를 하기 어려울지도 모른다. 바운드가 돼도 좋으니 롱패스에 도전하자.

← 슛 ← 패스 ←--- 이동 ← 드리블

메뉴 129: 3인 패스에서 2 대 1로 연결

팀 공격

- 난이도: ★★★★
- 인원: 3인~
- 장소: 올코트

목적

패스만을 이용하여 공을 운반하는 것으로 달리면서 받은 공을 그대로 패스하는 움직임을 몸에 익힌다. 2 대 1로 연결함으로써 복합적인 연습을 할 수 있다.

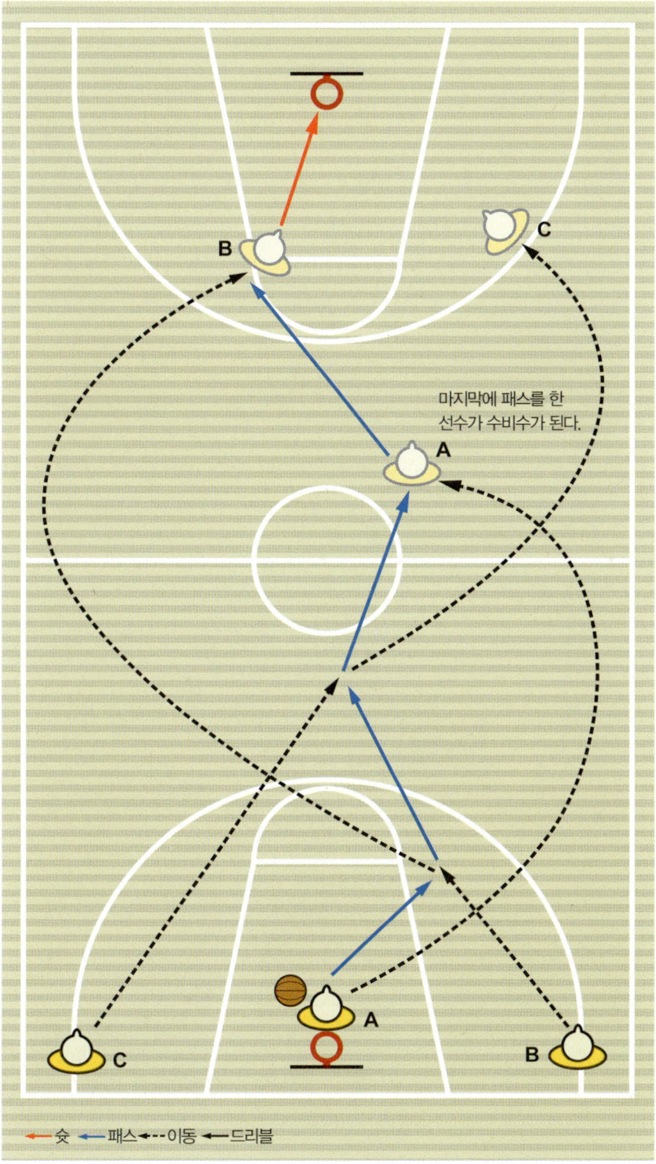

순서

① A, B, C가 그림과 같이 서고 A가 공을 가진다.
② A가 B에게 패스하면서 출발한다. 그림과 같이 드리블없이 패스만으로 공을 운반한다. 패스를 한 후에는 패스를 받은 선수의 뒤쪽으로 달려간다. 사이드 라인 근처까지 접근한 후 원을 그리듯이 중앙으로 돌아온다.
③ 골에 가까워지면 마지막으로 패스를 한 선수가 수비수가 되어 2 대 1로 연결한다.

마지막에 패스를 한 선수가 수비수가 된다.

지도자 MEMO

패스만으로 공을 앞으로 원활하게 운반하려면 달리는 속도와 함께 달리는 코스도 중요한 포인트가 된다. 패스를 하는 선수는 타이밍을 재며 패스하기 쉬운 거리를 파악하며 움직이자.

변형

패스만으로 공을 운반하기 어렵다면 드리블로 타이밍을 조절하는 방법도 있다. 익숙해지면 '드리블은 한 번만 가능' 등의 제한을 두면서 단계를 밟아 나가자. 그러면 나중에는 패스만으로 속공을 전개할 수 있게 될 것이다.

← 슛 ← 패스 ←-- 이동 ← 드리블

팀 공격		난이도	★★
메뉴 130	**2인 속공 ①**	인원	2인~
		장소	올코트

목적

수비하는 골 근처에서 사이드 라인을 따라 달리는 동료에게 패스하고, 패스를 받은 선수가 그대로 드리블한 뒤 슛으로 연결한다. 단순하지만 다양한 속공의 기본이 되는 움직임이다.

순서

① 두 명이 실시한다. A가 백보드에 공을 맞히면 시작한다. B는 사이드 라인을 따라 달린다.

② A는 공을 잡았으면 앞장서서 달리는 B에게 패스한다. 그 후 실전에서처럼 보조하기 위해 골로 향한다.

③ B는 패스를 받았으면 드리블로 전진해 그대로 슛으로 연결한다.

 지도자 MEMO 사이드 라인을 따라 달리는 선수에게 실전처럼 강하고 빠르게 패스한다. 실전에서 이 윙맨(182페이지)이 수비를 떼어 놓을 수 있다면 확실하게 슛을 성공시킬 수 있을 것이다.

변형

처음에는 레이업슛(44페이지) 등 확실하게 성공시킬 수 있는 슛부터 시작하고, 익숙해지면 조금 먼 거리에서 점프 슛(32페이지) 등을 던지도록 하자.

→ 슛 ← 패스 ←-- 이동 ← 드리블

팀 공격		난이도 ★★★
		인원 2인~
메뉴 131	**2인 속공 ②**	장소 올코트

목적

메뉴 130과 마찬가지로 두 명이 빠르게 공을 운반하는 움직임을 익히기 위한 메뉴. 수비하는 골 근처에서 패스를 한 다음 동료와 교차하며 사이드 라인으로 달리고, 그 후 패스를 받아 슛을 한다.

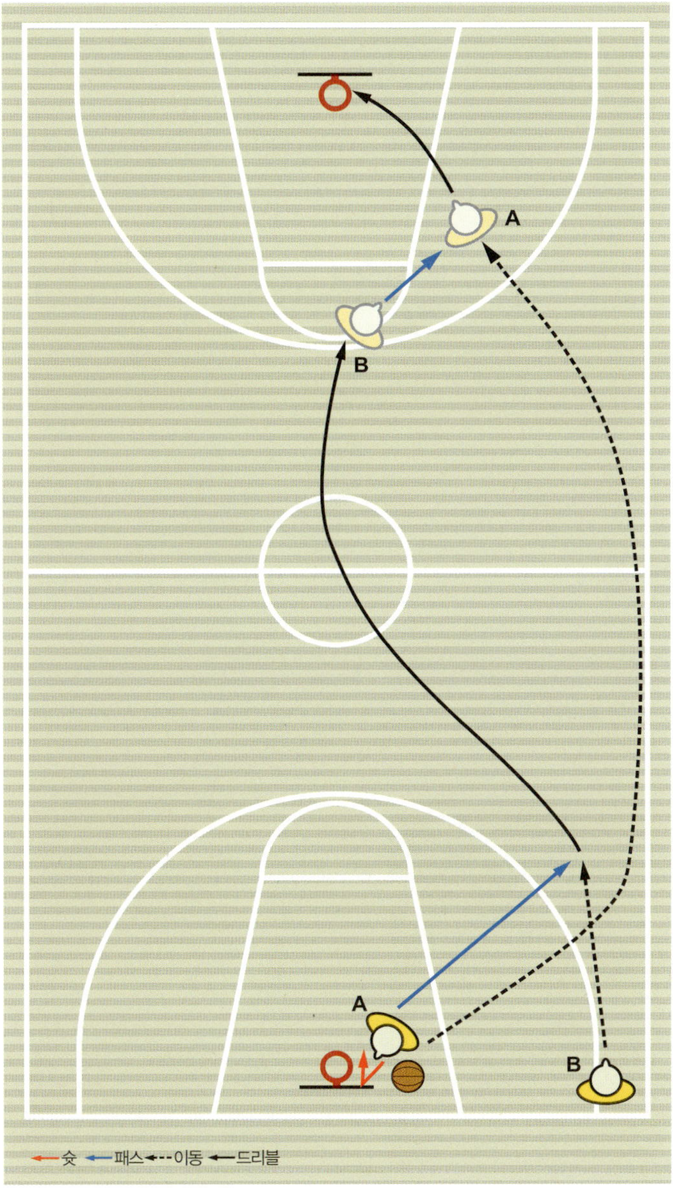

순서

① 두 명이 실시한다. A가 백보드에 공을 맞히고 그 리바운드를 잡으면 시작한다. 즉시 B에게 패스한 다음 사이드 라인을 따라 달린다.

② B는 중앙으로 드리블하며 전진해 그대로 골을 향한다. 타이밍을 봐서 A에게 패스한다.

③ A는 패스를 받는 대로 슛으로 연결한다.

 지도자 MEMO 포인트는 공을 운반하는 선수가 확실하게 흐름을 컨트롤하려는 생각을 가지는 것이다. 얼굴을 들어 상황을 판단하고 '리드 더 디펜스', 즉 수비의 상황을 읽는 습관을 들이는 것이 중요하다.

🏀 **변형**

아웃넘버(수적으로 유리한 상황)에서는 골과 가까운 위치에서 슛을 하는 것이 이상적이다. 그러나 여기에 너무 집착해 수비가 대응할 시간을 주게 되는 경우도 있다. 공을 운반한 선수가 그대로 슛을 하는 등의 변형도 연습해 놓으면 좋을 것이다.

← 슛 ← 패스 ←--- 이동 ← 드리블

팀 공격

메뉴 132 · 3 대 2 속공 ①

난이도 ★★★★
인 원 6인~
장 소 올코트

목적
속공을 할 때는 수비가 돌아오기 전에 공격을 끝낸다.

순서
① 공격팀(노란색)의 세 명이 프런트 코트로 공을 운반한다.
② 수비팀의 두 명은 미리 수비 태세를 갖춰 놓는다. 공이 센터 라인을 지나는 순간 센터 라인 끝의 다른 한 명이 센터 서클을 밟고 수비수로 가담한다.
③ 도중에 코트에 들어온 수비수가 수비에 가담하기 전에 공격팀은 슛 기회를 만든다. 수비팀은 골이 들어가거나 공을 빼앗으면 공격팀이 되어 반대편 코트로 공을 운반한다.

지도자 MEMO
수비수가 세 명이 되기 전에 재빨리 공을 돌려 슛으로 연결하자.

팀 공격

메뉴 133 · 3 대 3 속공

난이도 ★★★★
인 원 6인~
장 소 올코트

목적
속공을 염두에 두고 실전에 가까운 형태로 팀 공격을 갈고 닦는다.

순서
① 올코트에서의 3 대 3이다. 되도록 속공을 펼치자. 속공이 되지 않더라도 공을 착실하게 돌리며 득점한다.
② 골이 들어가거나 수비팀이 공을 빼앗으면 공수교대를 한다. 수비팀은 공격팀이 되어 골을 노리기 위해 반대편 코트로 공을 운반한다.

■ 올코트에서의 3 대 3. 되도록 속공으로 공격한다.

지도자 MEMO
똑같은 3 대 3이라도 드리블 금지 등 일정한 제한을 두면 팀 운용의 방향성과 일치하는 연습을 할 수 있다.

팀 공격		난이도	★★★
		인원	6인~
		장소	올코트

메뉴 134 3 대 2 속공 ②

목적

메뉴 132와 마찬가지로 실전에서 자주 일어나는 3 대 2라는 상황을 가정해 수비가 돌아오기 전에 공격을 끝내는 움직임을 몸에 익힌다. 세 명이 프런트 코트로 재빨리 공을 운반하는 기술도 필요하다.

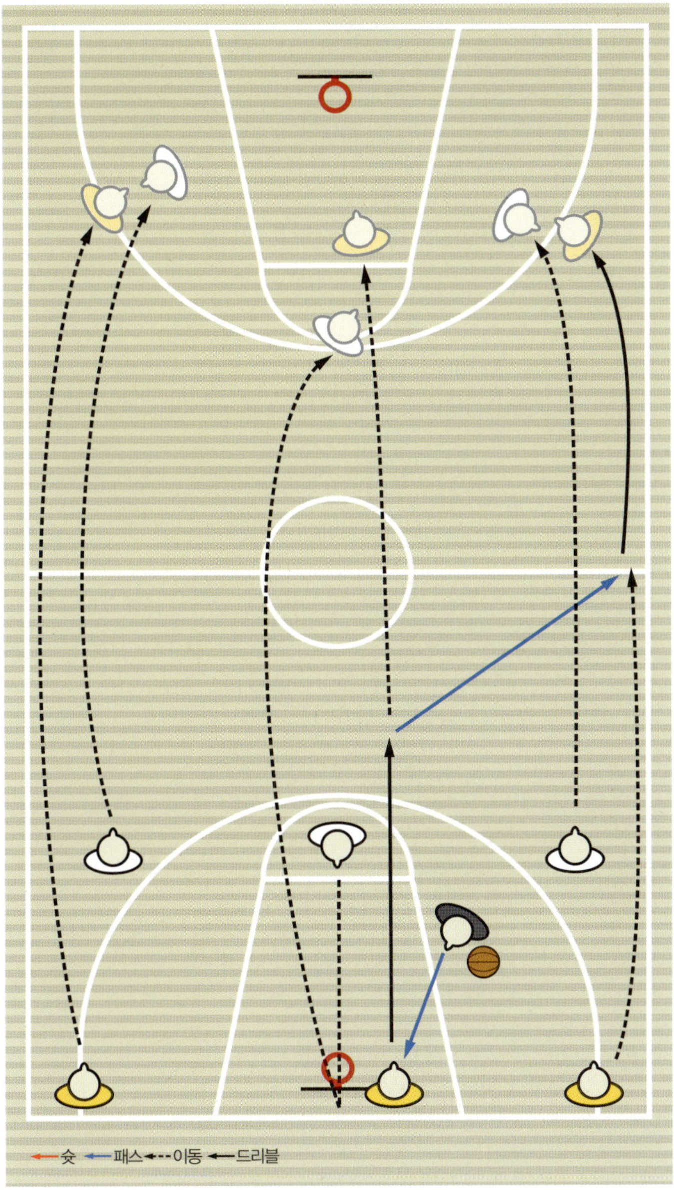

순서

① 공을 던져 주는 선수(코치여도 좋다)가 공을 들고, 선수들은 그림처럼 선다.
② 공을 던져 주는 선수(코치여도 좋다)가 공격팀의 선수(임의)에게 패스를 하면 시작된다.
③ 공격팀은 동료가 공을 받는 즉시 반대편 골을 향한다.
④ 공을 받은 공격팀 선수의 정면에 있는 수비팀 선수는 베이스 라인을 한 번 터치한 다음 수비에 가담한다.

아웃넘버(수적으로 유리한 상황)를 살려 공격을 끝내는 것이 목적이지만, 그렇다고 해서 지나치게 서둘러서는 안 된다. 다급하게 플레이하면 실수를 범할 수 있다.

변형
4 대 4나 5 대 5로 인원을 늘려 실시할 수도 있다. 기본적인 움직임과 감각을 익힐 수 있도록 한다. 이 3 대 3에서 공격을 확실하게 성공시킬 수 있게 된 다음, 인원을 늘리는 것이 좋을 것이다.

← 슛 ← 패스 ←-- 이동 ←-- 드리블

팀 공격의 기초 기술

팀 공격의 기본

인사이드의 선수
기본적으로 팀에서 가장 키가 큰 선수. 골과 가까운 위치이므로 기회가 생기면 적극적으로 슛을 하도록 한다.

윙맨

윙
골에서 45도, 3점 라인 근처에 포지션을 잡는다.

가드
코트 전체를 둘러볼 수 있는 3점 라인 근처에 포지션을 잡는다.

구성
사진은 어디까지나 기본 진형이다. 이 상태로 움직이며 아웃사이드에서 패스를 돌리거나 골 밑으로 달려들어 인사이드에서 패스를 받는 등 다양한 작전을 통해 슛을 한다.

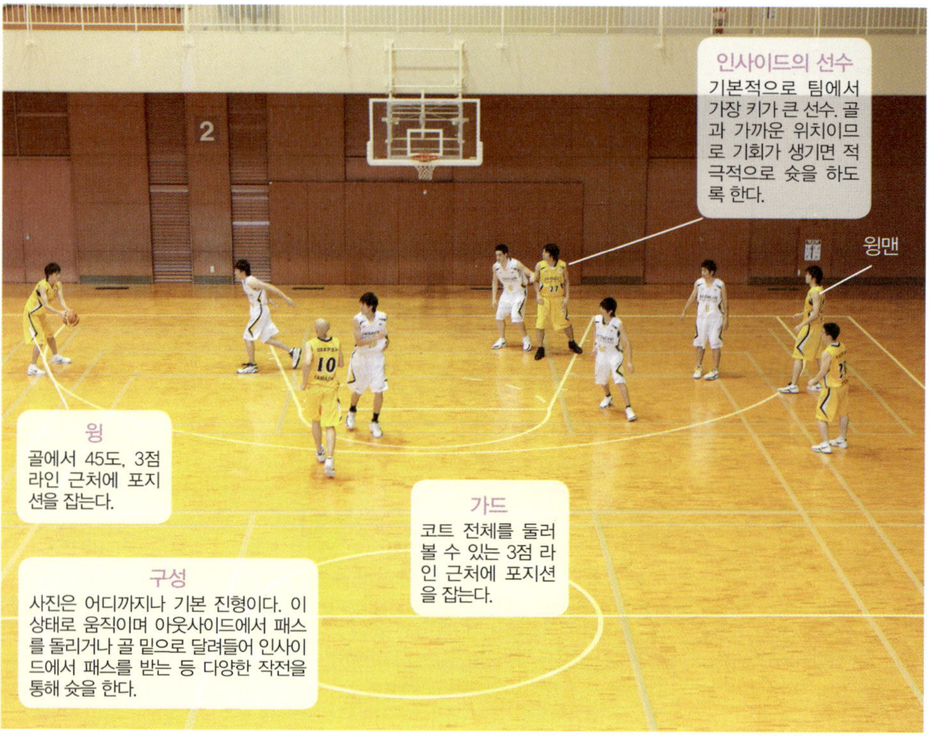

[기술 해설] 키워드는 공간

'팀 공격'이란 팀 동료와 협력하면서 팀 전체의 플레이로 득점하는 공격 시스템을 가리킨다. 1 대 1에서 상대에게 승리하는 것은 중요한 일이지만, 수비수가 팀 단위로 수비하는 이상 공격수도 개인기만으로 상황을 타개하기에는 한계가 있다. 그래서 팀 공격이 필요한 것이다.

팀 공격을 구성할 때 특히 중시해야 할 것이 '공간'이다. 경기에서 승리하기 위해서는 연습을 할 때부터 어떻게 열린 공간(상대편도 우리 편도 없는 공간)을 만드느냐, 그리고 어떻게 효율적으로 그 공간을 이용해 공격하느냐를 생각하면서 플레이해야 한다.

속공이 아니라, 공격 태세를 정비한 다음 공격할 때의 대표적인 진형은 위의 사진과 같은 '4아웃 1인'이라는 유형이다. 이것은 코트의 중앙 부분에 가드 두 명 그리고 양 사이드에 윙 두 명으로 모두 네 명을 아웃사이드에 배치하고 인사이드에는 한 명을 배치하는 진형이다. 키가 큰 선수가 여러 명 있는 팀은 선수 두 명을 인사이드에 배치하는 '3아웃 2인'이라는 진형도 효과적이다. 또 전원이 아웃사이드로 나오는 '5아웃'이라는 진형도 있다. 이것은 키가 큰 선수가 없는 팀이 사용하는 진형이다. 선수의 특성 등을 파악해 어떤 진형을 사용할지 결정하면 될 것이다.

▶▶▶팀 공격의 포인트 ①

POINT 01 공간을 의식하기 위해서는 4 대 4 연습을 추천한다.

[해설] 팀 공격 연습은 4 대 4로

팀 공격 방법을 연습할 때는 실제 경기보다 한 명이 적은 4 대 4를 추천한다. 그 이유는 빠진 한 명만큼 신경 써야 할 공간이 넓어져 공격의 포인트인 공간을 더욱 강하게 의식할 수 있기 때문이다. 각 선수는 공간을 효과적으로 활용하기 위해 노력해야 한다. 지도자 또한 볼사이드 뿐만 아니라 공에서 먼 위치에 있는 선수도 주의 깊게 지켜봐야 한다.

▶▶▶팀 공격의 포인트 ②

[해설] 키워드를 중심으로 공간을 의식한다.

공격할 때 가장 최우선시되는 과제 중 하나가 바로 '공간'이다. 다음과 같은 키워드를 중심으로 공간을 의식하는 공격을 몸에 익혀 나가자.

① 포지셔닝
팀 동료와의 거리감을 의식하며 포지션을 잡는다.

② 비전
수비수도 포함해 코트 전체의 균형을 정확하게 보고 판단하도록 노력한다.

③ 패스 게임
공을 지나치게 오래 갖고 있지 말고 패스를 효과적으로 활용한다.

④ 패스&컷
패스를 한 다음 어디로 움직여야 할지 적확히 판단해 움직인다.

⑤ 샤프컷
공을 가지고 있지 않을 때도 수비수의 마크를 뿌리칠 수 있도록 날카롭게 움직인다.

⑥ 열린 공간
빈 공간이 생기면 다른 선수가 들어와 활용한다는 의식을 가진다.

⑦ 스윙
같은 사이드에서만 패스를 돌리지 말고 반대쪽 사이드로 공을 돌리며 공격을 전개한다.

⑧ 다양한 공격 경로
공을 가지고 있는 선수가 두 개 이상의 패스 선택지를 가질 수 있도록 주위 선수들이 움직인다.

⑨ 공격
패스를 통한 전개로 수비가 대응하지 못하는 순간을 노려 슛이나 드리블로 수비망을 돌파한다.

⑩ 팀 규칙
누군가에게 공을 집중시킬지 아니면 전원이 균등하게 공을 잡을지 등 팀의 전략을 통일시킨다.

팀 공격

메뉴 135 패스 & 컷

난이도 ★★★★
인원 4인~
장소 하프코트

목적

네 명이 아웃사이드에서 패스를 돌린다. 한 명이 타이밍을 봐서 골 밑으로 달려간다. 그 후 빈 포지션으로 다른 선수가 이동하는 것도 중요한 포인트다. 팀 동료의 움직임으로 생긴 빈 공간을 활용하는 의식을 키운다.

순서

① 네 명이 실시한다. 각자 그림 1과 같이 포지션을 잡는다.
② A는 B에게 패스한 다음 골 방향으로 이동하며, 그 후 C가 있었던 곳으로 이동한다.
③ A가 있었던 곳에 D가, D가 있었던 곳에 C가 수비수를 뿌리친다고 상상하며 L자 형태로 움직여 이동한다(이 경우 B는 오른쪽에 다른 선수가 없으므로 이동하지 않는다). 그 후 이동한 포지션에서 패스를 돌린다.
④ 누군가가 타이밍을 봐서 패스를 한 직후 골 방향으로 이동하고, 다른 선수들은 오른쪽의 빈 포지션으로 이동한다.
⑤ 일정 횟수를 마쳤으면 그림 2와 같이 골 밑으로 향하는 선수에게 패스하고, 패스를 받은 선수는 그대로 슛을 한다.

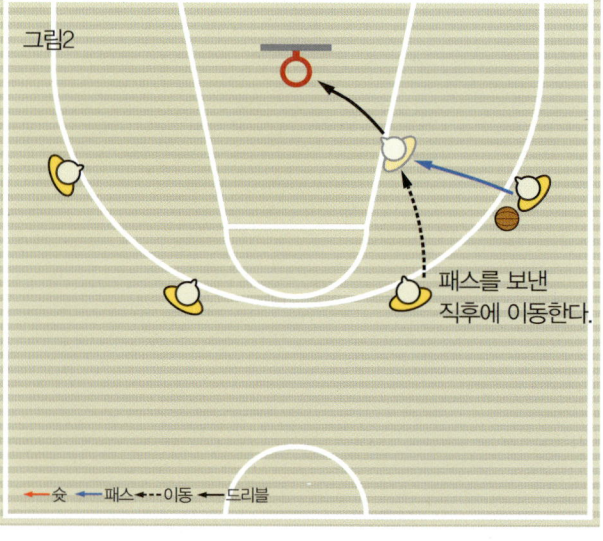

지도자 MEMO: 골 밑으로 향하는 선수는 수비수를 뿌리친다는 느낌으로 패스한 다음 날카롭게 움직인다. 또한 골 밑으로 향하는 타이밍이나 그대로 슛을 할 기회를 만들기 어렵다면 익숙해질 때까지 지도자가 신호를 보내도 좋을 것이다.

팀 공격	난이도 ★★★
	인원 4인~
	장소 하프코트

메뉴 136
패스 & 컷 그리고 백도어 플레이

목적

백도어 플레이란 패스 코스를 노리고 오는 수비수의 허를 찔러 그 뒤의 공간으로 달려 들어가는 움직임이다. 아웃사이드에서 패스를 돌리며 타이밍을 봐서 그 중 한 명이 백도어 플레이를 생각하며 움직인다.

순서

① 메뉴 135의 발전형이다. 왼쪽 페이지와 마찬가지로 아웃사이드로 패스를 돌린다. 누군가가 타이밍을 봐서 패스를 한 직후 골 방향으로 이동하면, 다른 선수들은 빈 오른쪽 옆 포지션으로 이동한다.

② 일정 횟수를 실시했으면 패스를 하려는 선수(임의)는 수비수가 패스 코스를 막으러 온다고 가상하고 패스를 하기 직전 일순간 뜸을 들인다. 이것을 보고 그림 2와 같이 패스를 받으려 했던 선수는 수비수의 등 뒤를 지나간다는 생각으로 골대를 향해 달려간다. 그 후 패스를 받아 슛으로 연결한다.

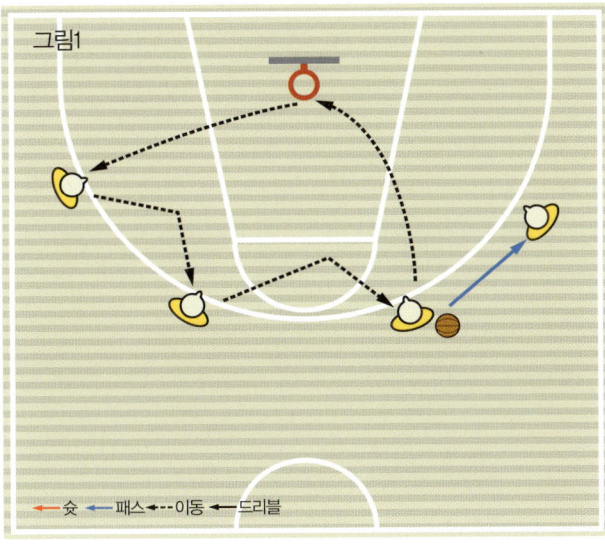

그림1

←슛 ←패스 ←--이동 ←드리블

지도자 MEMO

메뉴 135와 마찬가지로 백도어 플레이를 할 계기를 만들기 어렵다면 익숙해질 때까지 지도자가 신호를 보내는 것도 좋다. '패스&컷'과 섞어서 연습할 수 있게 되는 것을 목표로 삼자.

원포인트 어드바이스

패스 돌리기를 원활하게 전개하기 위한 포인트 중 하나는 공을 가진 선수가 '2까지 세는' 것이다. 패스를 받자마자 바로 패스를 하면 주위 선수들이 타이밍을 맞추기 어렵기 때문에 슛에 들어가는 자세를 약 2초 동안 취하면서 주위와의 호흡을 맞추는 것이다.

그림2

패스 코스를 상대방에게 봉쇄당했다고 가정해, 패스를 하려던 선수가 뜸을 들이면 받으려던 선수가 이동한다.

←슛 ←패스 ←--이동 ←드리블

팀 공격	난이도 ★★★
	인원 4인~
	장소 하프코트

메뉴 137 패스 & 스크린

목적
패스를 한 다음 팀 동료를 노마크로 만들기 위해 스크린을 건다.

순서
① 네 명이 실시한다. 각자 그림과 같이 포지션을 취한다.
② A는 B에게 패스한 뒤 스크린을 걸기 위해 D쪽으로 이동한다. B는 패스를 받아 C에게 패스하고 A가 있었던 포지션으로 이동한다.
③ D는 스크린을 이용해 B가 있었던 포지션으로 이동한다. 그 후 C에게서 패스를 받는다.
④ 배치를 바꿔 가며 참가자 전원이 모든 포지션에서 연습한다.

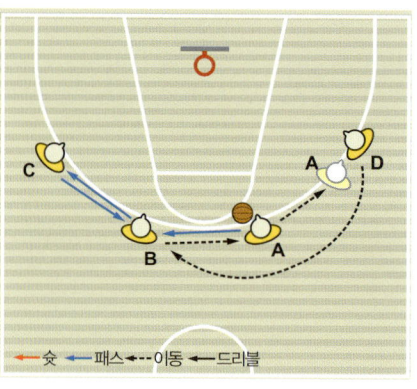

지도자 MEMO 패스를 한 다음 스크린을 건다는 의식을 가지는 것은 중요하다. 이러한 움직임도 포함시키면서 팀의 패스 돌리기 능력을 발전시킨다.

팀 공격	난이도 ★★★★
	인원 5인~
	장소 하프코트

메뉴 138 다섯 명이 실시하는 패스 & 스크린

목적
인사이드의 선수를 포함한 좀 더 실전적인 스크린플레이를 익힌다.

순서
① 다섯 명이 실시한다. 각자 그림과 같이 포지션을 취한다.
② A는 B에게 패스한다. 그 사이 반대쪽 사이드에서 스크린플레이를 전개한다. C와 D가 스크린을 걸고, E는 그것을 이용해 이동한다.
③ E는 이동 후 B에게 패스를 받는다.
④ 배치를 바꿔 가며 참가자 전원이 모든 포지션에서 연습한다.

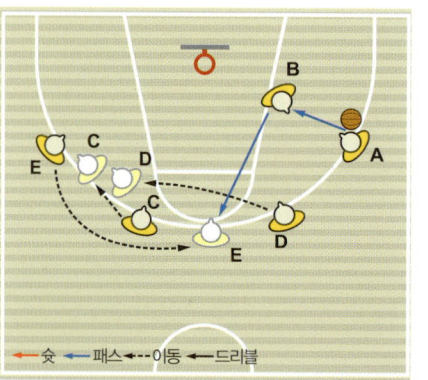

지도자 MEMO 실전과 같이 5명의 움직임을 연습할 때, 처음에는 수비수를 붙이지 않고 천천히 정확하게 하는 것에 중점을 두자. 움직임 하나하나를 얼마나 성의 있게 하느냐가 팀 공격의 성패를 좌우한다.

팀 공격		난이도 ★★★★
		인원 5인~
		장소 하프코트

메뉴 139 UCLA컷

목적

자유투 라인 근처에서 스크린을 이용해 골 밑으로 뛰어든다.

순서

① 다섯 명이 실시한다. 각자 그림과 같이 포지션을 취한다.
② A는 B에게 패스한다. 동시에 C는 자유투 라인 쪽으로 이동해 스크린을 건다.
③ A는 스크린을 이용해 골 밑으로 달려든다.
④ 패스를 받은 B는 A 혹은 C에게 패스한다(B는 그대로 슛을 던져도 좋다).
⑤ A는 B에게 패스를 받아 그대로 슛을 한다.
⑥ B가 C에게 패스를 했다면 D는 그림 2와 같이 골 밑으로 이동해 C에게서 패스를 받아 슛을 한다. 그 사이 다음 공격을 가정해 E는 D가 있었던 포지션으로, B는 로 포스트 근처에서 스크린을 걸고, A는 스크린을 이용해 아웃사이드로 이동한다.
⑦ 배치를 바꿔 가며 참가자 전원이 모든 포지션에서 연습한다.

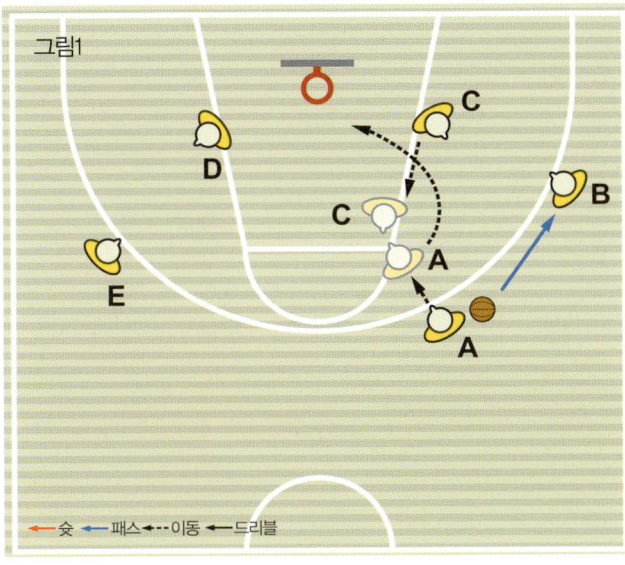

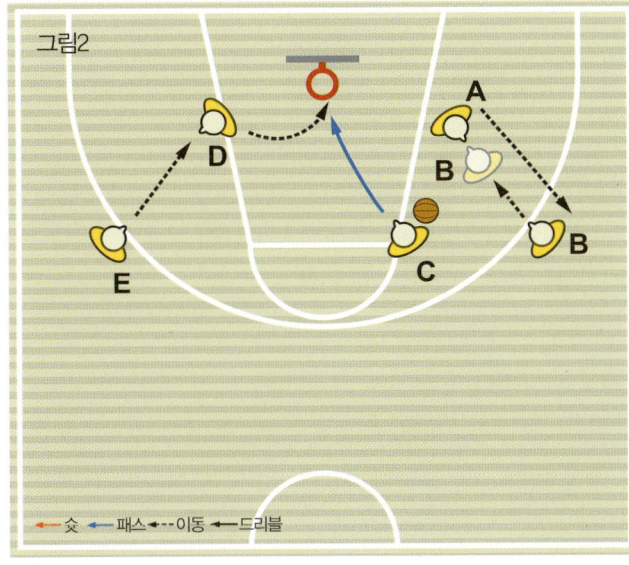

지도자 MEMO: 전원이 물 흐르듯 움직이는 것을 목표로 삼는다. 원활하게 움직일 수 있게 되었다면 포스트 플레이나 스크린플레이를 구사한 자유로운 패스 돌리기로 발전시켜 나가자.

팀 공격

메뉴 140 백도어 플레이

난이도	★★★★★
인원	5인~
장소	하프코트

목적
팀의 공격 패턴을 늘리기 위한 메뉴. 팀 동료의 움직임으로 빈 뒷공간으로 달려들어가 슛으로 연결시킨다.

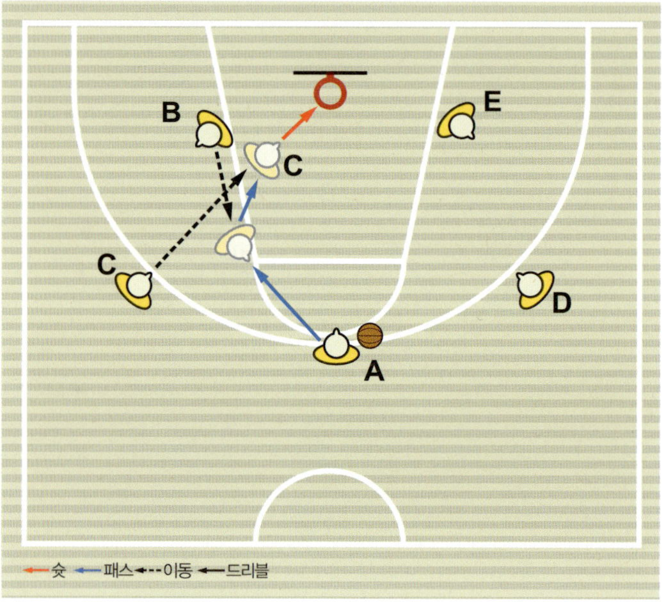

순서
① 실제로 움직이는 것은 세 명이지만, 실전과 가까운 상황에서 선수끼리의 거리감을 파악하기 위해 그림과 같은 배치로 다섯 명이 연습해도 좋다.
② B는 자유투 라인 근처로 이동한다.
③ 아웃사이드에 있는 A는 B에게 패스한다.
④ C는 B가 비운 공간으로 달려 들어간다.
⑤ B는 C에게 패스한다. 패스를 받은 C는 그대로 슛을 한다.
⑥ 배치를 바꿔 가며 참가자 전원이 모든 포지션에서 연습한다.

→ 슛　←--- 패스　←--- 이동　← 드리블

지도자 MEMO
수비의 허를 찌르는 대표적인 플레이가 이 백도어 플레이다. 한 명이 인사이드에서 움직이고 그 공간을 다른 선수가 활용함으로써 수비는 제대로 대처하지 못하게 된다. 득점이 절대적으로 필요한 상황에서 권하는 공격 패턴이다.

원포인트 어드바이스
이와 같은 팀플레이를 조기에 도입하면 선수는 연습에서 무엇을 해야 할지 그 전체상을 파악할 수 있게 되며, 개개인의 기본 연습에서 무엇을 해야 할지도 알 수 있게 된다. 그러므로 이러한 실전적인 연습도 경기가 없는 시기부터 조금씩 도입해 나가도록 하자.

Basketball Column 08
어떤 타이밍에 슛을 하느냐가 중요하다.

팀 공격에 있어서 슛을 하는 타이밍을 판단하는 능력은 중요하다. 이것을 '슛 셀렉션'이라고 한다. 적극적으로 슛을 하는 것은 중요하지만, 팀 동료가 리바운드에 들어갈 준비를 하지 못했는데 슛을 하는 것은 좋은 타이밍이라고 할 수 없다. 반대로 주위가 슛을 기대하고 있는데 망설이는 것도 문제다. 팀 동료들이 이해할 수 있는 타이밍이라면 슛이 빗나가는 것을 두려워할 필요는 없다.

제9장
팀 수비
Team Defense

골과 가까운 위치에서 슛을 허용하는 것은 치명적이다. 이를 막기 위해서는 팀 전체가 협력하는 것이 중요하다. 수비를 할 때는 항상 거리감을 의식하자.

팀 수비의 개념

포지션
각자 패스 컷을 할 수 있고 뒤를 잡히지 않는 위치에 포지션을 잡는다.

자세
전원이 수비의 기본 자세를 취하고 자신이 마크하는 선수와 공을 의식한다.

[기술 해설] 먼저 맨투맨 수비를 익힌다.

팀 다섯 명이 협력해 상대방의 공격을 봉쇄하는 수비를 '팀 수비'라고 한다. 그리고 1 대 1로 마크하는 것을 기본으로 하는 수비를 '맨투맨', 공격측의 움직임에 맞서 진형을 무너뜨리지 않고 지역을 지키는 것을 기본으로 하는 수비를 '지역 방어'라고 부른다.

선수 개개인이 수비의 기본을 갖추려면 무엇보다 맨투맨 수비를 이해하는 것이 선결 과제다. 지역 방어는 맨투맨 수비를 할 수 있게 되면 어느 정도 대응할 수 있게 되므로 먼저 선수 한 사람 한 사람이 맨투맨 팀 수비의 움직임을 확실하게 수행할 수 있도록 연습하자.

다섯 명이 협력해서 수비한다고는 하지만, 한 사람 한 사람이 자신이 마크하고 있는 상대를 확실하게 수비하지 못한다면 팀 수비는 불가능하다.

우선 기본대로 다섯 명 전원이 수비의 기본자세(110페이지)를 취하는 것이 팀 수비의 첫걸음이다. 특히 자신이 마크하고 있는 선수가 패스를 받을 수 있는 위치에 있을 때는 확실하게 패스 코스를 막을 수 있도록 손을 들어 공을 가진 선수가 쉽게 패스하지 못하도록 한다.

또한 자신이 마크하고 있는 선수가 공을 가지고 있지 않을 경우 상대와의 거리는, 패스 컷이 가능하면서 뒤를 잡히지 않는 위치가 기본이 된다. 그리고 자신이 마크하고 있는 선수가 공을 잡으면 슛이나 패스, 드리블 같은 플레이에 대응할 수 있도록 그 선수와의 간격을 좁힌다.

▶▶▶팀 수비의 개념 포인트 ①

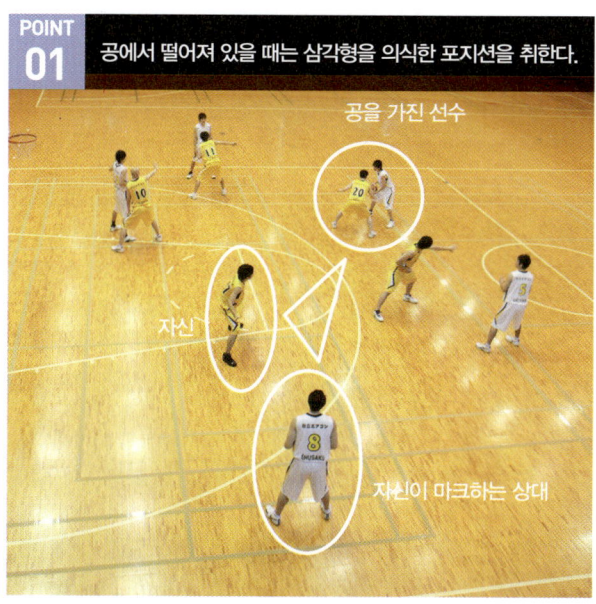

POINT 01 공에서 떨어져 있을 때는 삼각형을 의식한 포지션을 취한다.

- 공을 가진 선수
- 자신
- 자신이 마크하는 상대

[해설] 공에 맞춰 포지션을 조정한다.

맨투맨 수비라고 해서 자신이 마크하는 선수만 생각하면 되는 것은 아니다. 특히 자신이 마크하고 있는 선수가 공에서 떨어져 있을 때는 공을 가진 선수가 골 밑으로 치고 들어와도 그에 대응할 수 있는 포지션을 취할 필요가 있다. 자신과 자신의 마크맨, 그리고 공을 가지고 있는 선수가 납작한 삼각형이 되도록 하는 것이 기본이다.

▶▶▶팀 수비의 개념 포인트 ②

[해설] 팀 수비의 키워드를 의식한다.

맨투맨 수비에는 자신의 마크맨을 놓치지 않도록 하는 등의 요구하는 원칙이 몇 가지 있다. 다음의 포인트를 기억하면 좋을 것이다.

① 공과 마크맨을 본다.
전원이 공의 위치를 파악함과 동시에 자신의 마크맨을 시야에서 놓치지 않도록 한다.

② 공이 움직이면 같이 움직인다.
공의 움직임을 따라 각 선수는 포지션을 이동하며 공격의 움직임에 대응한다.

③ 점프 투 더 볼
볼맨(공을 가지고 있는 선수)에게는 반드시 누군가가 마크를 들어가도록 한다.

④ 디나이
공을 가지고 있는 선수가 근처에 있는 선수에게 패스하지 못하도록 패스 코스를 손으로 막는 자세를 취한다.

⑤ 투 패스 어웨이 디펜스
공이 없는 사이드(헬프 사이드)에서도 집중해서 수비한다.

⑥ 납작한 삼각형
공이 없는 사이드의 수비수는 자신의 마크맨에게서 조금 떨어져 공과 가까운 위치에 포지션을 잡는다. 자신과 자신의 마크맨, 그리고 공을 가지고 있는 선수가 납작한 삼각형을 이루도록 하는 것이 기본이다. 다만 골에서 너무 가까우면 공에도 자신이 마크하는 선수에게도 대응하지 못하므로 주의해야 한다.

팀 수비

난이도 ★★★★
인원 8인~
장소 하프코트

메뉴 141 도움 수비

목적

각 수비수는 공격수와 적절한 간격(200페이지)을 유지하며, 공을 가진 선수가 드리블로 침입하면 근처에 있던 다른 수비수 한 명과 협력해 이를 저지한다. 선수가 침입을 포기하면 즉시 원래의 포지션으로 돌아간다.

■ 각 수비수(노란색)는 각 공격수(흰색)와 적절한 간격을 유지한다(공을 가지고 있는 선수를 수비하는 선수 A, 근처의 수비수 B, 그 외는 C, D).

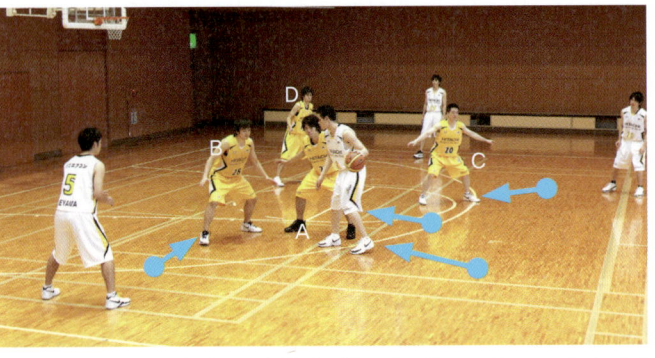

■ 드리블로 침입하면 B는 A와 함께 이를 저지하고, C와 D도 공과 가까운 위치로 포지션을 옮긴다. 공격수가 침입을 단념하면 즉시 원래의 포지션으로 돌아간다.

순서

① 4 대 4로 실시한다. 각 수비수는 공격수와 적절한 간격을 유지한다.
② 공을 가진 선수는 드리블로 골에 접근한다. 공을 가진 선수를 수비하는 선수(A)와 함께 근처에 있는 다른 수비수(B)도 드리블을 저지하러 온다. 그 외의 수비수(C, D)도 공과 가까운 위치에 포지션을 잡고 돌파당했을 경우 커버를 들어갈 준비를 한다.
③ 공을 가진 선수가 침입을 포기하면 즉시 원래의 포지션으로 돌아간다.
④ 일정 시간 동안 이 움직임을 반복한다.

지도자 MEMO
두 명이 협력해서 드리블을 저지하는 팀 수비를 몸에 익히기 위한 첫걸음이다. 침입을 저지하는 수비수 두 명은 드리블로 둘 사이를 돌파당하지 않도록 주의해야 한다.

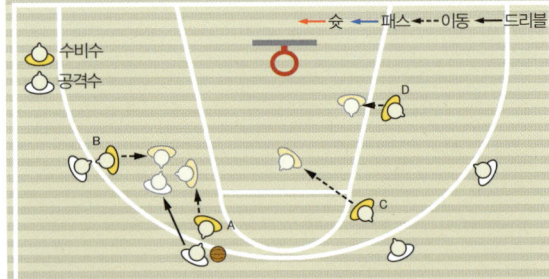

팀 수비

메뉴 142 수비 로테이션

난이도 ★★★★
인원 8인~
장소 하프코트

목적

상대가 윙 근처에서 베이스 라인 쪽으로 드리블 했을 때의 대응이다. 메뉴 141에서는 공과 가까운 위치에 있던 수비수가 침입을 저지하기 위해 들어왔지만, 이 경우는 공에서 떨어진 위치에 있는 수비수가 침입을 저지하기 위해 온다.

■ 각 수비수(노란색)는 각 공격수(흰색)와 적절한 간격을 유지한다(공을 가지고 있는 선수를 수비하는 선수 A, 근처의 수비수 B, 그 외는 C, D).

■ 공을 가진 선수가 베이스 라인 방향으로 드리블을 하며 이동하면 B는 A와 함께 이를 저지하러 오며, C와 D도 적절한 포지션으로 이동한다.

순서

① 4 · 대 4로 실시한다. 각 수비수는 공격수와 적절한 간격을 유지한다.
② 공을 가진 선수는 슛 기회를 만들기 위해 베이스 라인 방향으로 드리블을 하며 이동한다. 공을 가진 선수를 수비하는 선수(A)와 함께 공에서 떨어진 위치(베이스 라인 근처)에 있는 수비수(B)도 드리블을 저지하러 온다. 그 외의 수비수(C, D)도 공을 가진 선수 이외의 공격수에 대응할 수 있는 포지션으로 이동한다.
③ 일정 시간 동안 이 움직임을 반복한다.

> **지도자 MEMO**
> 움직임을 익혔으면 그대로 플레이를 속행하도록 하자. 수비수는 공을 빼앗는 것이 최선이지만, 다른 공격수에게 패스가 전달되면 즉시 원래의 포지션으로 돌아온다.

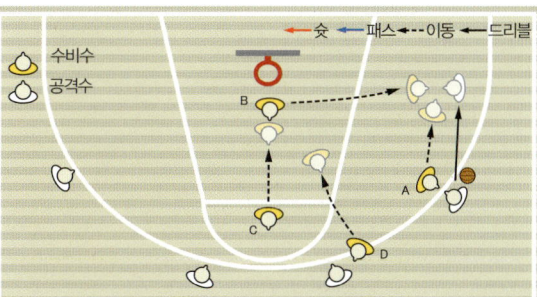

팀 수비		난이도	★★★★
		인 원	8인~
		장 소	하프코트

메뉴 143 보디 체크

목적

보디 체크란 상대가 달리는 코스로 먼저 들어가 상대의 침입을 막는 접촉 플레이다. 이 연습은 보디 체크를 몸에 익히기 위한 메뉴다.

■ 공격팀(흰색)에서 공을 가지고 있지 않은 선수 한 명(A)이 골 방향으로 침입을 시도한다(B는 그 선수를 마크하고 있는 수비수).

순서

① 4 대 4로 실시한다. 공격 팀은 공을 돌리며, 공을 가지고 있지 않은 선수 중 한 명(임의: 여기에서는 A)이 공이 있는 사이드에서 골 방향으로 컷(침입)한다.
② 그 공격수를 마크하고 있는 수비수(B)는 A가 달리는 코스로 들어가 침입을 막는다.
③ 일정 시간 동안 이 움직임을 반복한다.

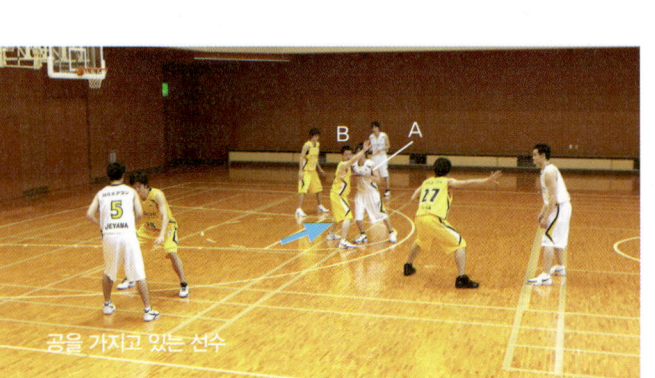

■ B는 먼저 코스로 들어가 골 밑으로 침입하는 것을 막는다.

지도자 MEMO
실전에서는 공을 가지고 있지 않은 공격수도 슛 기회를 만들기 위해 골 방향으로 달려 온다. 달려 들어오려는 선수를 마크하는 수비수는 이에 대응하기 위해 상대의 코스에 먼저 들어가 침입을 저지한다.

 NG
보디 체크는 달려 들어오는 그 공격수보다 앞서서 코스에 들어가는 것이 절대 조건이다. 옆에서 밀듯이 접촉하면 파울이 된다. 이것은 공을 가지고 있는 선수의 드리블에서도 마찬가지이니 주의하자.

팀 수비

메뉴 144 디펜스 리커버리

난이도 ★★★★
인원 8인~
장소 하프코트

목적

공과 멀어지는 공격수(컷어웨이)에 대응한 수비수의 거리감(쿠션)을 익힌다. 기준은 공과 공격수 양쪽을 손으로 가리킬 수 있는 범위 안에 포지션을 취하는 것이다.

■ 4 대 4로 실시한다. 공격팀(흰색) 중 공을 가지고 있는 선수(A)는 패스 후 그 방향과 다른 방향으로 달린다(B는 공을 가지고 있는 선수의 수비수).

순서

① 4 대 4로 실시한다. 공을 가지고 있는 선수(A)는 패스를 한 다음 컷어웨이한다(공과는 다른 방향으로 달려간다).
② A를 마크하는 수비수(B)는 패스를 받은 공격수의 드리블과 마크하는 상대에 대한 패스 모두에 대응할 수 있는 포지션을 잡는다.
③ 일정 시간 동안 이 움직임을 반복한다.

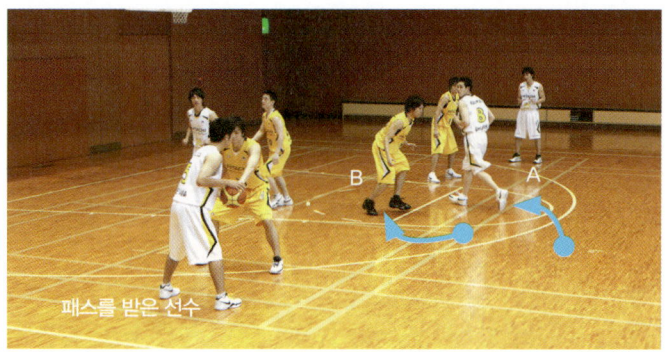

■ B는 A와 패스를 받은 선수 양쪽에 대응할 수 있는 포지션으로 이동한다.

지도자 MEMO

메뉴 143과 마찬가지로 팀 전체가 연계하며 수비하기 위해, 각 선수가 기본적인 수비 기술을 익히는 것이 목적이다. 익숙해질 때까지는 느리게 연습하면서 서서히 속도를 높여 나가는 것이 좋을 것이다.

원포인트 어드바이스

자신이 마크하고 있는 공격수와 공 양쪽을 파악하는 자세를 '피스톨 스탠스'라고 한다. 양손으로 권총 모양을 만들어 동시에 쏠 수 있는 자세라고 해서 이렇게 부르는 것이다. 이것을 습관화하면 시야가 넓어질 것이다.

팀 수비	난이도 ★★★★
	인원 8인~
	장소 하프코트

메뉴 145 스크린에 대한 수비

목적

공격측 스크린플레이에 대응하기 위한 첫걸음이다. 공에서 떨어진 위치에서 상대방의 스크린을 피하는 움직임을 익힌다.

순서

① 4 대 4로 실시한다. 공격 팀중 공을 가지고 있지 않은 선수 한 명(스크리너:임의)은 동료가 노마크 상태에서 공을 받을 수 있도록 스크린을 걸러 간다.

② 유저의 수비수(A)는 스크린에 걸리지 않도록 주의하며 철저하게 따라간다.

③ 일정 시간 동안 이 움직임을 반복한다.

■ 4 대 4로 실시한다. 공격팀(흰색) 중 한 명(스크리너:임의)이 공에서 떨어진 곳에서 스크린을 걸러 간다.

■ 유저의 수비수(A)는 스크린 사이로 빠져나가 유저를 따라간다.

지도자 MEMO
스크린을 이용해 이동하려고 하는 공격수와 대응하는 기본은 스크리너에게 부딪치지 않도록 이동하며 마크를 계속하는 것이다. 이를 위해서는 얼굴을 똑바로 들고 자신이 마크하고 있는 공격수 외의 선수의 움직임도 항상 의식하는 것이 중요하다.

 NG
스크리너가 서 있는데도 그대로 부딪치면 자신이 마크하는 선수를 놓치고 만다. 공격측이 설치한 스크린에 걸리지 않도록 상황을 잘 보고 수비하는 것이 중요하다.

| 팀 수비 | 난이도 ★★★★ |
| 인 원 8인~ |
| 장 소 하프코트 |

메뉴 146 파이트 오버

목적

공을 가지고 있는 선수에 대한 상대팀의 스크린을 피하는 움직임을 익힌다. 기본은 스크린 사이로 빠져나가 마크를 계속하는 것이다.

순서

① 4 대 4로 실시한다. 공격팀 중 공을 가지고 있지 않은 선수 한 명(스크리너: 임의)이 공을 가진 선수의 수비수(A)에게 스크린을 걸러 간다.
② A는 스크린에 걸리지 않도록 철저하게 따라간다.
③ 일정 시간 동안 이 움직임을 반복한다.

■ 4 대 4로 실시한다. 공격팀(흰색) 중 한 명(스크리너:임의)이 유저(여기에서는 공을 가지고 있는 선수)의 수비수(A)에게 스크린을 걸러 간다.

■ A는 스크린 사이를 빠져나가 유저를 따라간다.

지도자 MEMO

공을 가지고 있는 선수가 스크린을 이용할 때도 그 선수의 수비수는 스크린을 빠져나가면서 마크를 계속하는 것이 기본이다. 이것을 '파이트 오버'라고 한다. 조금이라도 마크가 느슨해지면 슛을 허용하게 되므로 스크리너를 마크하는 수비수도 협력해야 한다.

변형

스크린에 걸리지 않는 방법으로는 스크리너의 반대쪽(뒤쪽)으로 달려 마크를 계속하는 '슬라이드', 유저와 스크리너를 마크하던 수비수가 마크맨을 교환하는 '스위치'라는 방법이 있다. 어느 방법이든 수비수끼리 소리를 내며 연계 플레이를 해야 한다.

팀 수비	난이도	★★★★★
	인원	8인~
	장소	하프코트

메뉴 147 쇼 & 리커버리

목적

스크리너(168페이지)의 수비수가 유저(168페이지)에게 모습을 보이며 위협해 플레이를 늦추는 플레이를 '쇼디펜스'라고 한다. 그런 다음 리커버리하는(원래의 마크로 돌아가는) 움직임을 익힌다.

■ 공격팀(흰색) 중 한 명(스크리너)이 유저의 수비수에게 스크린을 걸러 간다.

■ 유저는 스크린을 이용해 드리블을 하며 이동하려 한다.

■ 스크리너를 마크하던 수비수(A)는 유저에게 모습을 보여 드리블을 저지한다.

■ 유저가 드리블을 멈추면 A는 즉시 원래의 마크로 돌아간다.

순서

① 4 대 4로 실시한다. 공격팀(흰색) 중 한 명(스크리너: 임의)이 유저(여기에서는 공을 가진 선수)의 수비수에게 스크린을 걸러 간다.
② 스크리너의 수비수(A)는 유저에게 모습을 보이며 유저를 마크하는 척한다.
③ 유저의 드리블이 멈추는 순간 A는 재빨리 원래의 마크로 돌아간다.
④ 일정 시간 동안 이 움직임을 반복한다.

 지도자 MEMO 쇼디펜스를 했을 때 그대로 마크맨을 교환하는 수비, 즉 '스위치'로 대처할 수도 있다. 그러나 신장의 미스매치(불일치)가 일어나기 쉽기 때문에 같은 선수를 계속 마크하는 것을 기본으로 삼는다.

팀 수비	난이도 ★★★★★
	인원 8인~
	장소 하프코트

메뉴 148 트랩

목적

스크린을 이용한 공격에 대응해 그것을 역이용한 트랩(함정)을 건다. 공을 가진 선수에게 두 명이 공을 빼앗으러 달려든다.

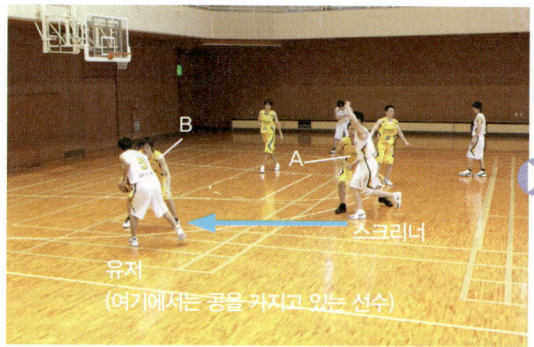

- 공격팀(흰색) 중 한 명(스크리너)이 유저의 수비수에게 스크린을 걸러 간다.

- 유저는 스크린을 이용해 드리블을 하며 이동하려 한다.

- 스크리너의 수비수(A)는 재빨리 유저의 수비로 전환한다.

- 유저의 수비수(B)도 가담해 두 명이 공을 빼앗으러 간다.

순서

① 4 대 4로 실시한다. 공격팀(흰색) 중 한 명이 유저(여기에서는 공을 가지고 있는 선수)의 수비수에게 스크린을 걸러 간다.
② 스크리너의 수비수(A)는 재빨리 유저의 수비로 전환한다.
③ 유저의 수비수(B)도 가담해 두 명이 공을 빼앗으러 간다.
④ 일정 시간 동안 이 움직임을 반복한다.

지도자 MEMO
두 명이 공을 빼앗으러 간다는 말은 노마크 공격수가 반드시 생긴다는 의미다. 트랩을 걸 때는 그만큼 리스크를 안는다는 사실도 잊지 말자.

팀 수비	난이도 ★★★★
	인원 8인~
	장소 하프코트

메뉴 149 4 대 4 팀 수비

목적
이 장에서 지금까지 소개한 메뉴의 종합이기도 하다. 좀 더 실전에 가까운 형태의 팀 수비 연습이다.

■ 정해진 틀이 없는 자유로운 4 대 4. 수비팀은 어떻게든 골을 허용하지 않도록 노력한다.

순서
① 공격팀은 1 대 1이나 스크린플레이 등을 구사하며 자유롭게 공격한다.
② 수비팀은 상황에 맞춰 대응하며 골을 허용하지 않도록 한다.

지도자 MEMO 공격팀은 특별하게 틀을 정하지 않고 자유롭게 공격하며, 수비팀은 이에 대응하며 상황에 적합한 플레이로 골을 허용하지 않도록 노력한다. 양팀 모두 실전보다 한 명이 적기 때문에 공간을 의식하는 것이 중요하다.

팀 수비	난이도 ★★★★
	인원 8인~
	장소 올코트

메뉴 150 4 대 3 팀 수비

목적
동료와 협력해 공격측의 속공을 막는다.

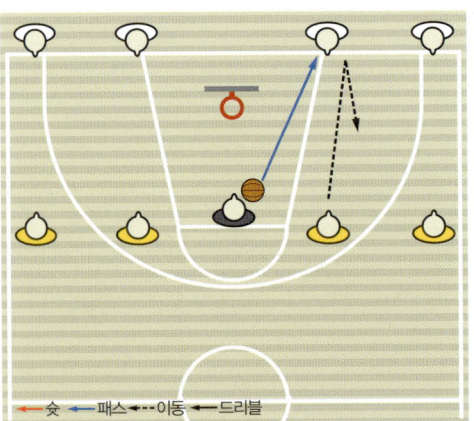

숫 ← 패스 ←-- 이동 ← 드리블

순서
① 패스를 하는 선수(코치여도 좋다)가 공을 들고, 선수들은 그림과 같이 선다.
② 패스를 하는 선수가 공격팀(흰색)의 선수에게 패스를 하면 시작된다.
③ 공격팀은 동료가 공을 받는 즉시 반대쪽 골로 향한다.
④ 공을 받은 공격수와 정면으로 마주하고 있는 수비수는 베이스 라인에 일단 터치한 다음 수비에 가담한다.

지도자 MEMO 수비팀은 동료가 가세할 때까지 수적으로 불리한 상황에 놓인다. 그와 같은 상황에서는 수비수 한 명이 두 명을 맡을 수 있는 포지션을 잡는 것이 기본이다.

팀 수비	난이도 ★★★
	인원 10인~
메뉴 151 2-3 지역 방어	장소 하프코트

목적
지역을 지키는 시스템을 지역 방어라고 한다. 그중에서도 가장 정통적인 형태인 '2-3'을 익힌다.

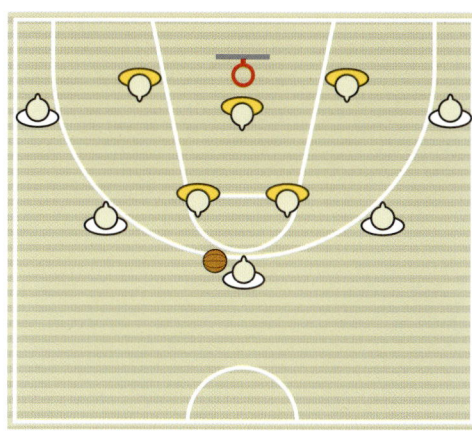

순서
① 5 대 5로 실시한다. 수비팀(노란색)은 골을 등지고 앞줄에 두 명, 뒷줄에 세 명이 포지션을 잡는다.
② 공격팀(흰색)은 자유롭게 공격하며, 수비팀은 골을 허용하지 않도록 노력한다.

 지도자 MEMO
1 대 1로 대응하는 맨투맨과는 달리 지역을 지키는 시스템을 '지역 방어'라고 한다. 특히 이 2-3 지역방어는 상대팀의 큰 선수를 막을 때 자주 사용되는 정통적인 유형이다. 각 수비수는 자신의 지역에 들어온 공격수를 담당하며, 깊이 쫓아가지는 않는다.

팀 수비	난이도 ★★★
	인원 10인~
메뉴 152 3-2 지역 방어	장소 하프코트

목적
지역 방어 진형의 가짓수를 늘린다. 이 '3-2'는 앞줄에 선수를 많이 배치하며, 아웃사이드의 플레이를 경계하기 위해 자주 사용한다.

순서
① 5 대 5로 실시한다. 수비팀(노란색)은 골을 등지고 앞줄에 세 명, 뒷줄에 두 명이 포지션을 잡는다.
② 공격팀(흰색)은 자유롭게 공격하며, 수비팀은 골을 허용하지 않도록 노력한다.

 지도자 MEMO
지역 방어에는 그밖에 중앙과 최후미에 장신 선수를 배치해 십자 모양으로 서는 '1-3-1' 등이 있다. 이 '1-3-1'은 포스트 플레이나 전방에서의 장거리 슛에 강하다는 특징이 있다.

팀 수비		난이도	★★★★
메뉴 153	**존 프레스**	인원	10인~
		장소	올코트

목적

올코트에서의 지역 방어로 상대방이 제대로 공을 운반하지 못하게 한다.

순서

① 5 대 5로 실시한다. 수비팀(노란색)은 올코트에 걸쳐 그림과 같이 1-2-1-1의 진형을 취한다.

② 공격팀(흰색)이 베이스 라인에서 공을 패스할 때부터 시작된다. 수비팀은 자신의 진영으로 공이 들어오지 못하도록 수비한다.

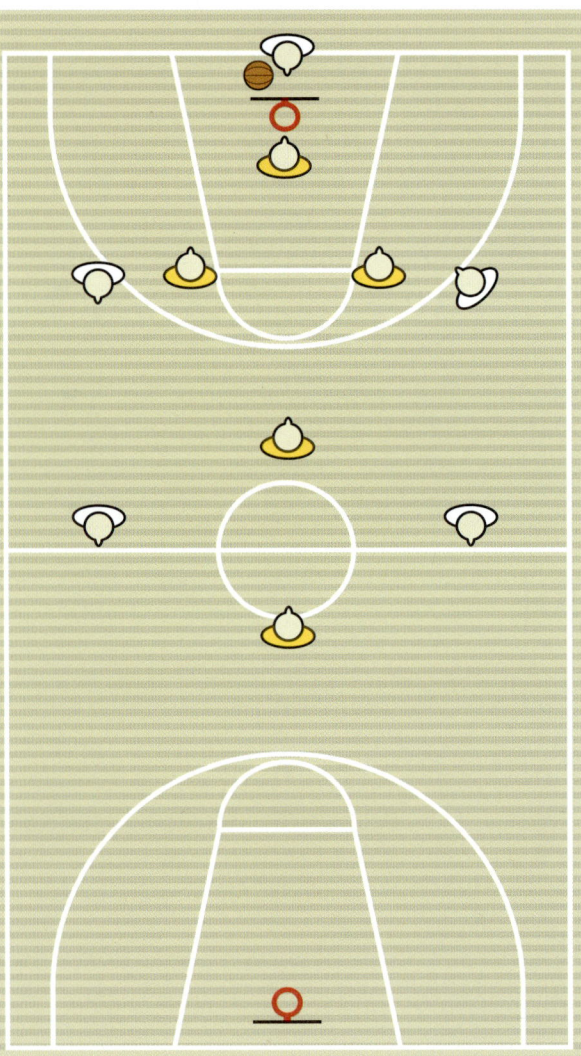

지도자 MEMO

존 프레스는 체력적인 부담이 크기 때문에 '지금이다.' 싶은 순간에 일시적으로 사용하는 것이 일반적이다. 자유투로 득점을 한 직후 존 프레스를 사용하면 상대팀의 공격 리듬을 무너뜨리는 계기를 만들 수가 있다.

원포인트 어드바이스

존프레스에는 그 밖에도 2-2-1 등의 진형이 있다. 특히 이 2-2-1은 사이드에 있는 선수에게 공이 패스 되는 순간 종종 사용된다. 그곳에서 상대가 드리블이나 패스를 하지 못하고 시간을 지체하게 할 수 있다면 수비로서는 성공이라 할 수 있다.

제10장
기초 체력 향상
Basic Physical Strength

좋은 선수가 되기 위해서는 확실히 기초 체력도 요구된다. 단조로운 메뉴가 되기 쉽지만, 평소 연습에 적절하게 도입하자.

기초 체력 향상

기술해설 체력 트레이닝의 개념

POINT 01 농구 선수에게는 근력 트레이닝과 스트레칭이 꼭 필요하다.

농구에서 스피드는 좋은 선수의 조건 중 하나다. 그중에서도 중요시되는 포인트는 출발, 감속, 정지, 방향전환 등의 움직임이 빠르게 이루어져야 한다는 것이다. 이러한 능력을 높이기 위해서는 기초가 되는 근력이 필요하다. 또 지구력의 경우, 농구에는 짧은 대시와 점프, 접촉 등 고강도의 운동과 파울이나 멤버 교체 등에 따른 짧은 휴식이 반복된다는 특징이 있다(이것을 '간헐적 운동'이라고 한다). 일정한 속도로 달리는 마라톤과는 달리 농구는 운동 강도와 운동 시간, 휴식 시간이 정신없이 변화하는 운동 형태이기 때문에 한 경기 동안 극심한 트랜지션(공수 전환)을 견딜 수 있는 지구력이 필요하다. 가장 좋은 트레이닝은 물론 경기지만, 경기만으로는 필요한 운동 능력을 갖추기 어렵다. 이러한 운동 능력을 키우는 트레이닝 메뉴를 팀이나 선수에 맞춰 평소 연습 메뉴에 포함시키자.

스트레칭도 꼭 필요하다. 부상을 예방하는 것은 물론, 성장기에는 뼈가 근육보다 빠르게 커지기 때문에 근육이 굳기 쉽다는 단점이 있다. 그리고 일단 굳은 근육은 성인이 된 뒤에는 부드럽게 만들기 어려우므로, 특히 성장기의 선수는 근력 트레이닝과 함께 몸의 유연성을 높이는 트레이닝을 반드시 조합하도록 하자.

그리고 이 장에서는 각 메뉴를 '스킬 계열'과 '파워 계열', '스태미나 계열'의 세 가지로 크게 나누어 남자 중학생을 기준으로 한 소요 시간과 횟수를 제시했다. 체력에는 개인차가 있으며, 또 여성도 남성과 마찬가지로 근력 트레이닝이 필요하므로 선수의 근력이 부족하다면 횟수와 방식을 조절하며 실시하자. 반대로 부담이 적다고 느낄 때도 마찬가지다. 기본적으로는 올바른 자세로 소화할 수 있는 횟수를 기준으로 생각하면 좋을 것이다.

체력 트레이닝의 구분

①스킬 계열
유연성과 민첩성을 키우는 데 특히 도움이 되는 메뉴

②파워 계열
근력과 힘을 강화하는 데 특히 도움이 되는 메뉴

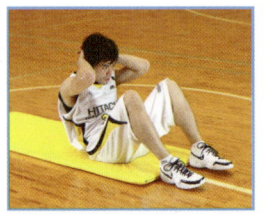

③스태미나 계열
지구력을 키우는 데 특히 도움이 되는 메뉴

POINT 02 초등학생은 기술 습득, 중학생은 지구력, 고등학생은 근력이 상승한다.

근력 트레이닝을 할 때 특히 주의해야 할 점은 성장기에 관한 것으로, 그 키워드는 '타이밍'이다. 성장기의 발육, 발달 패턴(그림 참조)을 보면 여러 가지 능력이 동시에 발달하는 것이 아니라 근력에 따라 상승하는 시기가 미묘하게 어긋남을 알 수 있다. 어떤 능력이 발달하는 시기인지를 정확하게 인지하고 연령에 따라 그에 맞는 트레이닝을 할 필요가 있는 것이다.

먼저 초등학생 시기를 살펴보자. 이 시기는 기술이 가장 성장하는 연령대이므로 공을 많이 만지고 기술을 몸에 익히면서 기반이 되는 근력과 움직임을 키워 나가면 좋을 것이다. 그리고 실전 형식의 연습을 함으로써 지구력도 자연스럽게 상승한다. 따라서 어렵게 생각하지 말고 '최대한 공을 많이 사용한 트레이닝'을 의식하자.

중학생 시절은 지구력을 키우는 데 가장 적합한 시기이다. 지구력은 나이에 비례해 증가하며 이 연령대에는 성인과 거의 같은 수준이 된다. 그러므로 이 시기에 실시하는 스태미나를 키우는 트레이닝이 미래를 결정한다고 해도 과언이 아니다. 특히 센터(62페이지)를 담당하는 장신의 선수는 연습 중 운동량이 줄어들기 쉽기 때문에 달리는 트레이닝을 철저하게 해 둘 필요가 있다.

고등학생 시절은 신체 발달의 완성기를 맞이하는 시기다. 농구는 몸싸움이나 리바운드 등 단시간에 커다란 힘을 발휘하는 능력이 요구되는 운동인데, 그런 능력을 높이기 위해 이 연령대부터 본격적으로 웨이트 트레이닝과 점프 계열의 트레이닝을 실시해 나가자. 또 그 준비 단계로서 중학생 시절까지 자신의 몸무게를 이용한 근력 트레이닝을 해 둘 필요가 있다.

또한 여기에서는 각 연령대별로 기준을 분류했는데, 성장 과정이나 체력 수준에는 개인차가 있다. 지도자는 기준을 일괄적으로 정하지 말고 대상 선수의 수준을 파악하도록 노력하자.

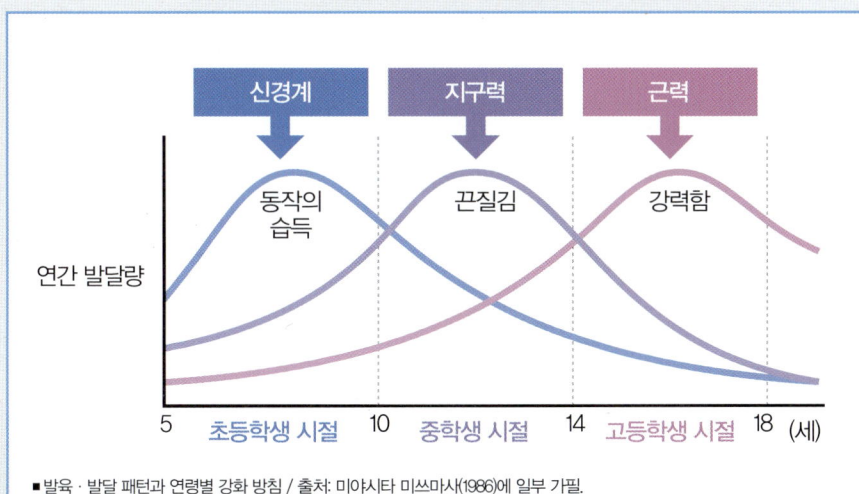

■ 발육·발달 패턴과 연령별 강화 방침 / 출처: 미야시타 미쓰마사(1986)에 일부 가필.

메뉴 154	기초 체력 향상	스킬 계열		
	넓적다리 뒤쪽 스트레칭 ①	장 소	어디에서나 가능	
		기 준	15~20초	

목적
넓적다리 뒤쪽의 유연성을 높여 부상을 예방한다.

한쪽 다리를 뻗고, 등을 굽히지 않은 상태에서 고관절의 밑둥부터 앞으로 쓰러진다는 느낌으로 실시한다.

순서
① 다리를 뻗고 지면에 앉는다.
② 한쪽 다리를 굽히고 발바닥을 반대쪽 넓적다리에 붙인다.
③ 뻗은 쪽 다리를 향해 몸을 앞으로 기울인다.
④ 그대로 자세를 유지한다.

 MEMO 등을 굽히지 않고 고관절의 밑둥부터 상체를 앞으로 쓰러트리듯이 기울인다. 넓적다리 뒤쪽(햄스트링)은 근육이 찢어지기 쉬운 부위이므로 신경 써서 스트레칭 하자.

메뉴 155	기초 체력 향상	스킬 계열		
	넓적다리 뒤쪽 스트레칭 ②	장 소	어디에서나 가능	
		기 준	15~20초	

목적
넓적다리 뒤쪽의 유연성을 높여 부상을 방지한다.

■ 등을 지면에 대고 한쪽 발을 곧게 위로 올린다.

순서
① 똑바로 눕는다.
② 사진과 같이 넓적다리 뒤를 양손으로 잡으면서 한쪽 발을 곧게 올린다.
③ 그대로 자세를 유지한다.

 MEMO 메뉴 154와 마찬가지로 넓적다리 뒤쪽을 늘리는 스트레칭이다. 신경 써서 스트레칭을 해 줘야 하는 부위인 만큼 몇 가지 변형을 주며 실시한다. 들지 않는 쪽 다리는 지면에서 뜨지 않게 한다.

기초 체력 향상	스킬 계열 ~~파워 계열~~ ~~스태미나 계열~~
	장 소 어디에서나 가능
	기 준 15~20초

메뉴 156 둔부 스트레칭 ①

목적
엉덩이와 허리의 유연성을 높여 부상을 방지한다.

순서
① 똑바로 눕는다.
② 사진과 같이 양발을 끌어안고 무릎을 가슴으로 끌어당긴다.
③ 그대로 자세를 유지한다.

 MEMO 스트레칭은 늘리고 싶은 부위를 강하게 의식하면서 실시하는 것이 중요하다. 이 메뉴는 엉덩이, 나아가서는 허리를 늘리는 스트레칭이므로 이들 부위가 늘어나는 것을 의식하며 실시하자.

■ 양손으로 양발을 끌어안고 무릎을 가슴으로 끌어당긴다. 엉덩이와 허리의 스트레칭을 의식하며 실시한다.

기초 체력 향상	스킬 계열 ~~파워 계열~~ ~~스태미나 계열~~
	장 소 어디에서나 가능
	기 준 15~20초

메뉴 157 둔부 스트레칭 ②

목적
엉덩이와 허리의 유연성을 높여 부상을 방지한다.

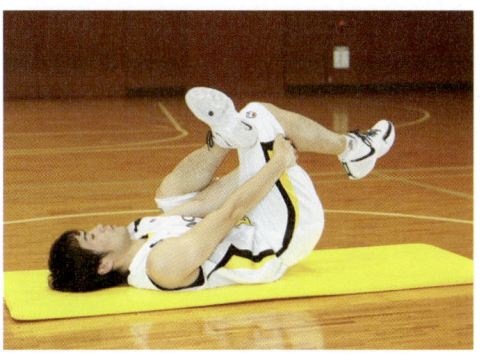

순서
① 똑바로 눕는다.
② 사진과 같이 다리를 교차해 한쪽 다리의 넓적다리를 양손으로 끌어안는다.
③ 끌어안은 다리를 가슴으로 끌어당기고 그대로 자세를 유지한다.

 MEMO 메뉴 156과 마찬가지로 엉덩이, 나아가서는 허리를 늘리는 스트레칭이다. 4자 모양으로 다리를 꼼으로써 다리를 꼰 쪽의 조금 옆쪽 부분을 늘릴 수 있다.

■ 다리를 4자 모양으로 꼬고 넓적다리를 가슴 쪽으로 끌어당긴다. 꼰 다리 쪽의 엉덩이가 스트레칭된다.

기초 체력 향상

메뉴 158 둔부 스트레칭 ③

스킬 계열
장 소 어디에서나 가능
기 준 15~20초

목적
몸을 비틀어서 엉덩이와 허리의 유연성을 높이며 부상을 방지한다.

순서
① 똑바로 누워 양팔을 벌린다.
② 사진과 같이 허리를 비틀고 한쪽 팔로 교차시킨 다리를 누른다.
③ 그대로 자세를 유지한다.

■ 똑바로 누워 양팔을 벌리고 허리를 비튼다. 교차시킨 다리를 아래쪽 다리에 걸면 늘리기 쉽다.

지도자 MEMO
양쪽 어깨가 지면에서 뜨지 않도록 하고, 교차시킨 다리를 아래쪽 다리에 걸면 늘리기 쉬워진다.

기초 체력 향상

메뉴 159 넓적다리 앞쪽 스트레칭

스킬 계열
장 소 어디에서나 가능
기 준 15~20초

목적
넓적다리 앞쪽의 유연성을 높여 부상을 방지한다.

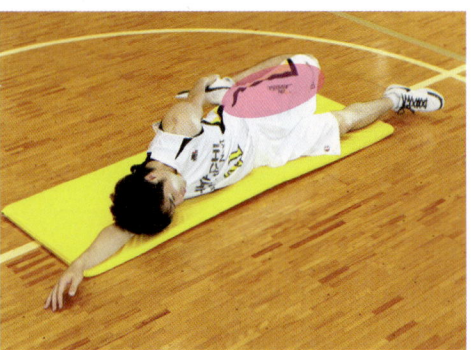

순서
① 옆으로 눕는다.
② 사진과 같이 위쪽 다리를 굽히고 발끝을 손으로 잡는다.
③ 그대로 자세를 유지한다.

■ 옆으로 누워 위쪽 다리를 굽힌다. 굽힌 쪽 다리의 무릎은 최대한 몸의 뒤쪽으로 가져간다.

지도자 MEMO
넓적다리 앞쪽을 확실하게 늘려 주기 위해 최대한 굽힌 쪽 다리의 무릎을 몸의 뒤쪽으로 가져간다. 고관절 밑동 쪽까지 늘리도록 의식한다.

기초 체력 향상		스킬 계열	파워 계열	스태미나 계열
		장 소	어디에서나 가능	
메뉴 160	넓적다리 안쪽 스트레칭	기 준	15~20초	

목적
넓적다리 안쪽의 유연성을 높여 부상을 방지한다.

■ 양손과 양다리를 지면에 대고 무릎을 벌린다. 체중을 뒤에 실을수록 넓적다리 안쪽이 늘어난다.

순서
① 양손과 양쪽 무릎을 지면에 붙인다.
② 양쪽 무릎의 간격을 넓힌다.
③ 체중을 뒤에 싣는다.
④ 그대로 자세를 유지한다.

지도자 MEMO 체중을 뒤에 실을수록 넓적다리 안쪽이 늘어난다. 알맞은 스트레칭 감각을 얻을 수 있는 위치로 조절해 무리하지 않는 범위에서 실시하자.

기초 체력 향상		스킬 계열	파워 계열	스태미나 계열
		장 소	어디에서나 가능	
메뉴 161	장딴지 스트레칭	기 준	15~20초	

목적
장딴지의 유연성을 높여 부상을 방지한다.

■ 양손을 짚은 상태에서 다리를 교차시키고, 바닥에 대고 있는 발의 발꿈치를 확실하게 지면에 붙이도록 한다.

순서
① 무릎을 뻗은 상태로 양손으로 지면을 짚는다.
② 사진과 같이 다리를 교차시키고 발꿈치를 붙인다.
③ 그대로 자세를 유지한다.

지도자 MEMO 무릎을 뻗어 스트레칭을 하는 패턴과 같은 자세에서 무릎을 굽혀 스트레칭을 하는 패턴을 모두 실시하면 더욱 효과적이다.

기초 체력 향상

메뉴 162 런지 워크

- 스킬 계열 / 파워 계열 / 스태미나 계열
- 장 소: 하프코트 이상
- 기 준: 14~28미터

목적
고관절의 유연성을 높이고 하반신의 근력을 키운다.

순서
① 손을 허리에 대고 한쪽 발을 크게 끌어올린다.
② 그 상태에서 앞으로 크게 내딛는다.
③ 이것을 반복하며 앞으로 나아간다.
④ 뒤쪽으로도 같은 동작으로 움직인다.

지도자 MEMO
메뉴154~161과 같이 동작을 정지하는 스트레칭을 '스태틱 스트레칭'이라고 하며, 이 메뉴와 같이 움직임을 동반하는 스트레칭을 '다이내믹 스트레칭'이라고 한다. 주로 워밍업에 포함시키면 효과적이다.

기초 체력 향상

메뉴 163 스모 워크

- 스킬 계열 / 파워 계열 / 스태미나 계열
- 장 소: 하프코트 이상
- 기 준: 14~28미터

목적
고관절을 넓혀 유연성을 높이고 하반신의 근력을 키운다.

순서
① 사진과 같이 양다리를 벌리고 허리를 낮춘다.
② 다리를 번갈아 내딛으면서 조금씩 앞으로 나아간다.

지도자 MEMO
상반신은 세워서 항상 정면을 향하며, 고관절부터 움직이도록 한다. 동작 중에 무릎이 안쪽을 향하거나 등이 굽지 않도록 주의하자.

기초 체력 향상	스킬 계열	파워 계열	스태미나 계열

메뉴 164 파워 스킵

장 소: 하프코트 이상
기 준: 14~28미터

목적
고관절의 유연성을 높이고 하반신의 근력과 순발력을 향상시킨다.

- 움직임을 크게 하며 실시하는 스킵. 최대한 높게 점프한다.

순서
① 사진과 같이 팔을 크게 휘두르면서 한쪽 다리로 높게 점프하고 점프한 다리로 착지한다.
② 반대쪽 다리로도 똑같이 실시한다. 이것을 반복하며 앞으로 나아간다.

지도자 MEMO
말 그대로 스킵을 큰 동작으로 실시하는 메뉴다. 허벅다리를 높게 들고 최대한 높이 점프함으로써 점프력도 키울 수 있다. 뒤로 가는 패턴도 실시하자.

기초 체력 향상	스킬 계열	파워 계열	스태미나 계열

메뉴 165 백킥

장 소: 하프코트 이상
기 준: 14~28미터

목적
넓적다리 뒤쪽의 근육을 사용해 다리를 끌어올리면서 하반신의 근력과 순발력을 강화한다.

- 양손을 엉덩이에 대고 그 손에 다리가 닿을 수 있도록 크게 차올리며 앞으로 나아간다.

순서
① 손바닥을 바깥쪽으로 향하고 양손을 엉덩이 위치에 놓는다.
② 사진과 같이 손에 닿도록 다리를 크게 뒤로 차올리면서 앞으로 나아간다.

지도자 MEMO
스트레칭과 함께 넓적다리 뒤쪽 근육의 수축 속도를 높이는 데 도움이 되는 메뉴다. 결과적으로는 순발력의 강화로도 이어진다.

기초 체력 향상

메뉴 166 힙 로테이션

스킬 계열	파워 계열	스태미나 계열
장 소	하프코트 이상
기 준	14~28미터

목적
고관절 주위의 회전을 동반한 움직임을 원활히 한다.

순서
① 사진과 같이 한쪽 다리를 바깥쪽으로 높이 올리고 천천히 바깥쪽에서 안쪽으로 움직인다.
② 계속해서 반대쪽 다리도 똑같이 한다. 이것을 반복하며 앞으로 나아간다.

■ 한쪽 다리를 바깥쪽으로 높이 올리고 바깥쪽에서 안쪽으로 크게 움직인다.

 지도자 MEMO 포인트는 들어 올린 쪽 무릎을 큰 원을 그리듯이 크게 돌리는 것이다. 바깥쪽에서 안쪽이 끝났으면 안쪽에서 바깥쪽으로도 실시하자.

기초 체력 향상

메뉴 167 카리오카

스킬 계열	파워 계열	스태미나 계열
장 소	하프코트 이상
기 준	14~28미터

목적
허리를 비트는 동작과 고관절 주위 움직임의 유연성을 높인다.

순서
① 상반신은 항상 정면을 향하도록 유지한 채 허리를 비틀면서 옆으로 움직인다.
② 왼쪽으로 진행할 경우, 먼저 사진과 같이 허리를 비틀면서 왼발 앞을 지나 오른발을 교차시킨다.
③ 왼발을 오른발 옆으로 내밀어 원래의 자세로 돌아온다.
④ 허리를 비틀면서 이번에는 왼발 뒤를 지나 오른발을 교차시킨다. 이것을 반복하며 옆으로 나아간다.

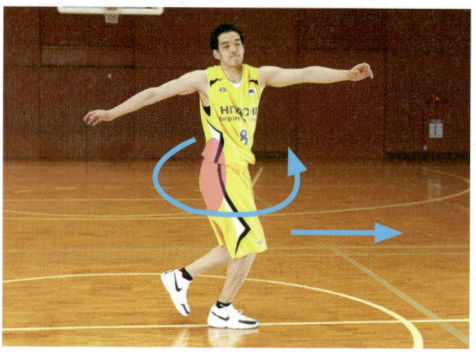

■ 허리를 비틀면서 다리를 교차시켜 옆 방향으로 이동하는 스텝.

 지도자 MEMO 이 메뉴의 변형으로, 똑같이 움직이면서 앞발을 높이 들고 크게 돌리는 패턴이나 반대로 뒷발을 높이 들어 크게 돌리는 패턴이 있다.

기초 체력 향상

메뉴 168 레그 스윙 (프런트)

- 스킬계열: 파워 계열
- 장소: 하프코트 이상
- 기준: 14~28미터

목적
넓적다리 뒤쪽을 늘리면서 고관절의 앞뒤 가동역을 넓힌다.

■ 무릎을 뻗은 채 한쪽 다리를 앞으로 높이 들고 반대쪽 손으로 터치하면서 나아간다.

순서
① 사진과 같이 무릎을 뻗은 채 앞으로 한쪽 다리를 높이 올리고 반대쪽 손으로 터치한다.
② 반대쪽 다리도 똑같이 한다. 이것을 반복하면서 앞으로 나아간다.

지도자 MEMO
무릎을 굽히지 않도록 주의하면서 최대한 높이 들도록 한다. 다리를 높이 들지 못하는 선수는 자신이 가능한 범위에서 실시한다. 등을 굽히며 억지로 올리면 효과가 없다.

기초 체력 향상

메뉴 169 레그 스윙 (사이드)

- 스킬계열: 파워 계열
- 장소: 하프코트 이상
- 기준: 14~28미터

목적
넓적다리 안쪽을 늘리면서 고관절의 좌우 가동역을 넓힌다.

■ 무릎을 뻗은 채 한쪽 다리를 옆으로 높이 들고 같은 쪽 손으로 터치하면서 나아간다.

순서
① 사진과 같이 무릎을 뻗은 채 옆으로 한쪽 다리를 높이 올리고 같은 쪽 손으로 터치한다.
② 반대쪽 다리도 똑같이 한다. 이것을 반복하면서 앞으로 나아간다.

지도자 MEMO
메뉴 168이 앞뒤로 움직이는 데 반해 이 메뉴는 고관절의 좌우 가동역을 넓히기 위한 것이다. 마찬가지로 등을 곧게 펴고 되도록 무릎을 굽히지 않도록 하는 것이 포인트다.

기초 체력 향상	스킬 계열	파워 계열	스태미나 계열
	장 소	하프코트 이상	
	기 준	14미터	

메뉴 170 하이니

목적
팔을 크게 앞뒤로 휘두르면서 다리를 끌어 올리는 동작을 부드럽게 실시한다. 고관절의 가동역이 넓어진다.

■ 허벅다리를 높이 들면서 앞으로 달린다. 팔은 견갑골이 크게 움직이도록 앞뒤로 흔든다.

순서
① 허벅다리를 높이 들면서 앞으로 달린다.
② 팔은 견갑골이 크게 움직이도록 의식하며 흔든다.

 지도자 MEMO
허벅다리를 높이 올리면서 달리는 이른바 허벅다리 들기. 허리 높이까지 올린 후 내린다. 팔은 팔꿈치를 가볍게 굽히고 고정시킨 채 어깨를 축으로 견갑골이 크게 움직이도록 앞뒤로 흔든다.

기초 체력 향상	스킬 계열	파워 계열	스태미나 계열
	장 소	하프코트 이상	
	기 준	고깔 8~10개	

메뉴 171 슬라롬

목적
농구의 다양한 움직임의 기본이 되는 스텝에 필요한 근력과 순발력을 키운다.

■ 고깔을 1미터 간격으로 8~10개 늘어놓고 그 사이를 지그재그로 진행한다.

순서
① 고깔을 같은 간격(기준은 약 1미터)으로 늘어놓는다.
② 고깔에 부딪치지 않도록 지그재그로 움직인다.

 지도자 MEMO
고깔이 없으면 페트병이나 선수로도 대체가 가능하다. 턴 방법에는 다리를 교차시키지 않는 유형(아웃사이드컷)과 다리를 교차시키는 유형(인사이드컷)이 있으니 양쪽을 모두 실시하면 좋을 것이다.

기초 체력 향상

메뉴 172 백런-대시

스킬계열	파워계열	스태미나계열
장 소	하프코트 이상
기 준	고깔 8~10개

목적
감속, 정지, 방향 전환 같은 달리기와 동반되는 움직임의 속도를 높인다.

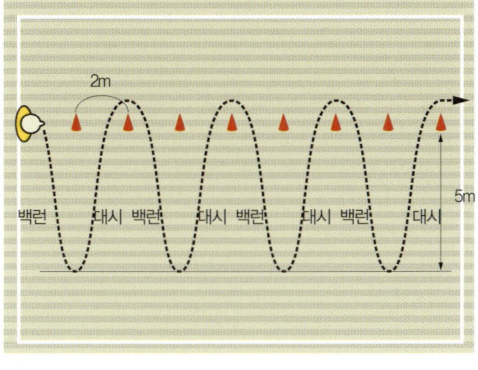

순서
① 고깔을 같은 간격(기준은 약 2미터)로 8~10개 늘어놓는다.
② 그림과 같이 움직인다. 먼저 고깔로부터 5미터 앞의 선까지 백런(뒤로 달리기)을 해 선을 한 손으로 터치한다. 그리고 대시해 고깔로 향한다.
③ 고깔을 돌았으면 다시 선까지 백런한다. 이것을 고깔마다 반복한다.

 특히 중요한 것은 백런에서 대시로 전환할 때의 두 걸음이다. 낮은 자세로 최대한 재빠르게 대시할 수 있도록 의식하자.

기초 체력 향상

메뉴 173 20미터 어질리티

스킬계열	파워계열	스태미나계열
장 소	하프코트 이상
기 준	5~6초

목적
감속, 정지, 방향 전환 같은 달리기와 동반되는 움직임의 속도를 높인다.

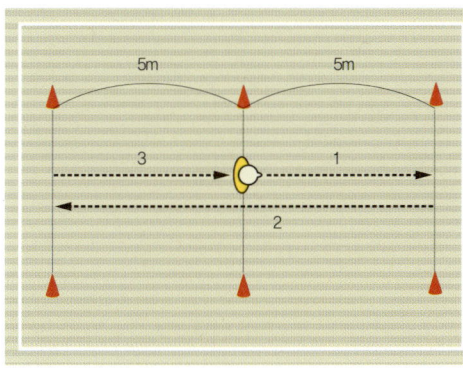

순서
① 그림과 같이 중앙선에서 5미터를 달린 다음 한 손으로 선을 터치하고 180도 턴한다.
② 이어서 10미터를 달린 다음 처음에 터치한 손과는 반대쪽 손으로 선을 터치하고 다시 180도 턴한다. 그리고 5미터를 달려 골인한다.

 골까지의 기준 시간은 5~6초다. 스톱워치 등을 이용해 시간을 재면서 실시하자.

기초 체력 향상

메뉴 174 페인트 어질리티

- 스킬계열
- 장소: 하프코트
- 기준: 20~22초×2세트

목적
다양한 스텝(특히 수비 시)의 속도를 높인다.

순서
① 제한 구역에서 실시한다. 그림과 같이 먼저 오른쪽 대각선 앞으로 대시한다.
② 이어서 자유투 라인 위를 왼쪽으로 사이드 스텝을 밟으며 이동한다.
③ 엔드 라인에 도착하면 이번에는 왼쪽 대각선 앞으로 대시하고 오른쪽으로 사이드 스텝을 밟는다. 이어서 왼쪽 대각선 뒤로 크로스 스텝을 밟으며 이동한다.
④ 이것을 20~22초 동안 두 번 반복한다.

 지도자 MEMO 다양한 스텝을 복합적으로 실시하는 메뉴다. 수비를 한다는 생각으로 몸은 항상 정면을 향하도록 한다.

기초 체력 향상

메뉴 175 스텝

- 스킬계열
- 장소: 하프코트
- 기준: 13~15초

목적
다양한 스텝(특히 수비 시)의 속도를 높인다.

순서
① 그림과 같이 고깔을 놓고 그림의 번호 순서대로, 예를 들면 다음과 같이 다양한 스텝으로 이동한다. ①대시, ②(백)크로스 스텝, ③크로스 스텝, ④대시, ⑤(백)크로스 스텝, ⑥크로스 스텝, ⑦대시, ⑧백런(뒤로 달리기), ⑨대시

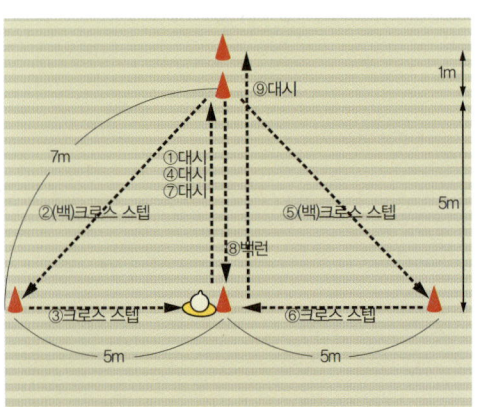

지도자 MEMO 일본 축구 협회의 피지컬 측정 가이드라인에 실려 있는 메뉴. 격렬한 움직임이 많은 3점 지역 안에서 수비한다는 생각으로 실시한다.

기초 체력 향상 | 스킬 계열 | **파워 계열** | 스태미나 계열
장 소 | 어디에서나 가능
기 준 | 20회×2~3세트

메뉴 176 스쿼트

목적
하반신의 기초 근력을 높인다. 모든 것의 기본이 되는 기본자세(28페이지)를 유지하기 위해서도 필요한 메뉴.

순서
① 사진과 같이 발끝을 밖으로 향하고 다리를 조금 넓게 벌린 다음 양팔을 앞으로 내민다.
② 그대로 넓적다리가 바닥과 수평이 될 때까지 허리를 낮춘다.
③ '1, 2'의 2를 셀 때 30센티미터 정도 일어나고, '1, 2, 3'의 3을 셀 때 다시 앉는다.

> **지도자 MEMO**
> 등을 곧게 펴도록 한다. 또 무릎이 안쪽을 향하거나 앞으로 너무 나오지 않도록 주의하자. 무릎은 반드시 발끝의 방향을 향하도록 한다.

기초 체력 향상 | 스킬 계열 | **파워 계열** | 스태미나 계열
장 소 | 어디에서나 가능
기 준 | 10회

메뉴 177 브리지

목적
주력(달리는 힘)이나 점프력을 높이기 위해 필요한 넓적다리 뒤쪽의 근력을 향상시킨다.

순서
① 똑바로 누워서 양팔을 몸 옆에 가지런히 놓는다. 양다리를 굽히고 무릎을 세운다.
② 사진과 같이 엉덩이를 들어 올린다.

■ 똑바로 누워서 무릎을 세우고 엉덩이를 들어 올린다.

> **지도자 MEMO**
> 엉덩이와 넓적다리 뒤쪽 근육을 강화하기 위한 메뉴다. 어깨부터 무릎이 일직선이 되도록 엉덩이를 들어 올린다. 한쪽 다리로만 하는 변형 방법도 있다.

기초 체력 향상	스킬 계열 · **파워 계열** · 스피드 계열
	장소: 어디에서나 가능
	기준: 20회×2~3세트

메뉴 178 푸시업

목적
가슴을 중심으로 상반신을 미는 동작에 관여하는 근력을 높인다.

■ 이른바 팔굽혀펴기. 가슴이 지면에 닿을 정도까지 확실하게 몸을 내린다. 옆에서 봤을 때 몸이 일직선이 되도록 한다.

순서
① 엎드려서 양팔을 옆으로 벌린다.
② 양팔을 옆으로 뻗은 상태에서 팔꿈치가 있는 위치에 양손을 짚는다.
③ 그대로 양팔의 힘으로 몸을 들어 올린다.
④ 팔꿈치를 굽혀 가슴이 지면에 닿을 정도까지 상체를 가라앉힌다.
⑤ 동작 중에는 항상 어깨와 허리, 다리가 일직선을 유지한다.

지도자 MEMO
몸의 라인이 일직선이 되도록 한다. 지면에 손을 짚는 폭을 바꾸면 단련되는 부위를 미묘하게 바꿀 수 있다. 순서에서 설명한 위치를 바탕으로 손바닥 하나만큼 안쪽과 바깥쪽도 실시하도록 하자.

기초 체력 향상	스킬 계열 · **파워 계열** · 스피드 계열
	장소: 어디에서나 가능
	기준: 10회×2~3세트

메뉴 179 페어 로잉

목적
등을 중심으로 상반신을 당기는 동작에 관여하는 근력을 향상시킨다.

■ 견갑골을 안쪽으로 모으고 서로 끌어당긴다. 타월의 위치를 되돌릴 때는 근육의 긴장을 유지할 것.

순서
① 2인 1조가 되어 실시한다. 사진과 같이 서로 마주보고 앉아 타월을 잡는다.
② 순서대로 타월을 자신의 몸쪽으로 끌어당긴다.

지도자 MEMO
몸쪽으로 끌어당길 때는 물론, 타월의 위치를 되돌릴 때도 힘을 빼지 말고 항상 서로 잡아당기는 상태를 유지하면서 실시한다. 타월을 사용하는 이유는 땀 등으로 미끄러지는 것을 피하기 위해서다. 끌어당겼을 때 견갑골을 확실하게 안쪽으로 모으는 것이 포인트다.

기초 체력 향상

메뉴 180　체간 스태빌리티 (4지점)

- 스킬 계열 / **파워 계열** / 스태미나 계열
- 장소: 어디에서나 가능
- 기준: 20회×3세트

목적
체간을 강화한다. 결과적으로는 슛 자세를 안정시키거나 몸싸움 능력을 키우는 데 도움이 된다.

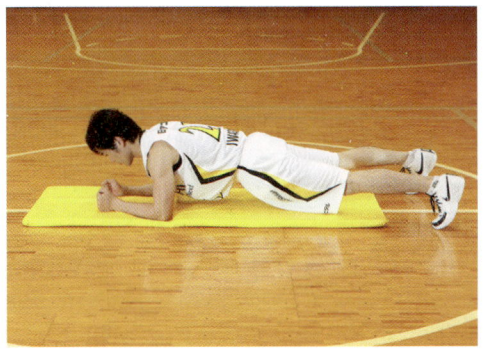

■ 엎드려서 양 팔꿈치를 지면에 댄다. 몸을 들어 올려 그 자세를 유지한다.

순서
① 엎드려서 양쪽 팔꿈치를 지면에 댄다.
② 사진과 같이 몸을 들어 올려 어깨와 허리, 다리의 라인이 일직선이 되도록 만들고 그대로 자세를 유지한다.

 지도자 MEMO　체간이란 복근과 배근 등 몸의 줄기가 되는 배 주변을 가리킨다. 이곳의 강화는 종합적인 신체 능력의 향상으로 이어지며, 농구에서는 슛 자세의 안정과 몸싸움 능력 등에 영향을 준다.

메뉴 181　체간 스태빌리티 (사이드)

- 스킬 계열 / **파워 계열** / 스태미나 계열
- 장소: 어디에서나 가능
- 기준: 20초×3세트

목적
체간을 강화한다. 결과적으로는 슛 자세를 안정시키거나 몸싸움 능력을 키우는 데 도움이 된다.

■ 옆으로 누워서 아래쪽 팔꿈치를 지면에 댄다. 몸을 들어 올려 그대로 자세를 유지한다.

순서
① 옆으로 누워 아래쪽 팔꿈치를 지면에 댄다.
② 사진과 같이 몸을 들어 올리고, 지면에 닿지 않은 쪽 팔을 위로 뻗는다. 그대로 자세를 유지한다.

 지도자 MEMO　몸을 들어 올릴 때는 어깨와 허리, 다리 라인이 일직선이 되도록 한다. 배가 내려가 배근이 V자 모양으로 구부러져서는 안 된다.

메뉴 182	기초 체력 향상	스킬 계열 **파워 계열** 스태미나 계열

체간 스태빌리티 (한발 브리지)

장 소: 어디에서나 가능
기 준: 20회×3세트

목적
메뉴 180, 181(229페이지)와 같이 체간을 강화하는 메뉴. 동시에 넓적다리 뒤쪽도 단련된다.

순서
① 똑바로 누워 양팔을 몸 옆에 가지런히 놓는다. 한쪽 다리를 굽히고 무릎을 세운다.
② 사진과 같이 엉덩이를 들어 올리면서 뻗은 쪽 다리를 든다. 그대로 자세를 유지한다.
③ 한쪽 다리가 끝났으면 반대쪽 다리도 똑같은 세트만큼 실시한다.

■ 똑바로 누워서 한쪽 다리를 굽히고 무릎을 세운다. 엉덩이를 들어 올리고 다리를 든 채 그대로 자세를 유지한다.

 지도자 MEMO: 엉덩이를 들어 올릴 때 어깨에서 무릎이 일직선이 되도록 주의하자.

메뉴 183	기초 체력 향상	스킬 계열 **파워 계열** 스태미나 계열

싯업

장 소: 어디에서나 가능
기 준: 10회×1~2세트

목적
배 주위의 근육을 중점적으로 강화한다. 반동을 이용하지 않도록 한다.

순서
① 똑바로 누워서 무릎을 굽힌다. 양손을 머리 뒤에서 깍지 낀다.
② 반동을 이용하지 않도록 머리에서 허리의 순서로 천천히 상체를 올린다.

■ 똑바로 누워서 무릎을 굽힌다. 양손을 머리 뒤에서 깍지 끼고 상체를 올린다.

지도자 MEMO: 배의 근육을 단련하기 위한 가장 대중적인 메뉴 중 하나다. 무릎을 뻗은 상태에서는 허리를 다칠 가능성도 있으니 무릎을 세우고 하자. 근력 측면에서 양손을 머리 뒤에 깍지 끼고 하기가 어렵다면 가슴 앞에서 양손을 교차시키고 해도 좋다.

기초 체력 향상

메뉴 184 트위스팅 싯업

스킬 계열	**파워 계열**	스태미나 계열
장 소	어디에서나 가능
기 준	10회×1~2세트

목적
몸을 비틀면서 배 주위의 근육을 중점적으로 강화한다.

순서
① 똑바로 누워 한쪽 손을 몸 옆에 두고 다른 쪽 손을 머리 뒤로 가져간다. 무릎을 굽히고 손을 옆에 놓은 쪽, 발을 다른 쪽 무릎 위에 올려놓는다.
② 사진과 같이 몸을 비틀면서 상체를 일으켜 팔꿈치를 무릎에 닿게 한다.
③ 한쪽이 끝나면 반대쪽도 똑같은 횟수만큼 실시한다.

■ 똑바로 누워서 다리를 꼬고 몸을 비틀면서 상체를 일으킨다.

 지도자 MEMO 몸을 비틀 때 사용하는 근육을 강화하기 위한 메뉴이므로 비트는 동작을 강하게 의식한다.

메뉴 185 투 터치

스킬 계열	**파워 계열**	스태미나 계열
장 소	어디에서나 가능
기 준	10회×1~2세트

목적
배 주위의 근육을 중점적으로 강화한다. 되도록 무릎은 굽히지 않도록 한다.

순서
① 똑바로 눕는다.
② 되도록 무릎은 굽히지 않도록 양발을 들면서 상체를 일으켜 양손으로 발끝을 터치한다.

■ 똑바로 누워서 양발을 든 다음 상체를 올려서 양손으로 발끝을 터치한다.

 지도자 MEMO 오른손으로 왼발을 터치, 왼손으로 오른발을 터치하는 식으로 몸을 비트는 동작을 추가할 수도 있다.

기초 체력 향상	스킬 계열	**파워 계열**	스태미나 계열
	장 소	어디에서나 가능	
	기 준	10회×1~2세트	

메뉴 186 골반 들기

목적
엉덩이를 들어 올리는 운동을 통해 배 주위의 근력을 중점적으로 단련한다.

순서
① 똑바로 누워서 양손을 몸 옆에 놓는다. 엉덩이가 바닥에서 떨어질 때까지 다리를 몸쪽으로 끌어당긴다.
② 오른쪽 그림과 같이 천장을 향해 양발을 뻗으면서 엉덩이를 들어 올린다.

지도자 MEMO 양발을 내릴 때 단숨에 빠르게 내리면 허리에 과도한 부담이 가므로 천천히 속도를 조절하면서 실시한다.

기초 체력 향상	스킬 계열	**파워 계열**	스태미나 계열
	장 소	어디에서나 가능	
	기 준	10회×1~2세트	

메뉴 187 레그 사이클

목적
상체를 비틀면서 배 주위의 근력을 중점적으로 강화한다.

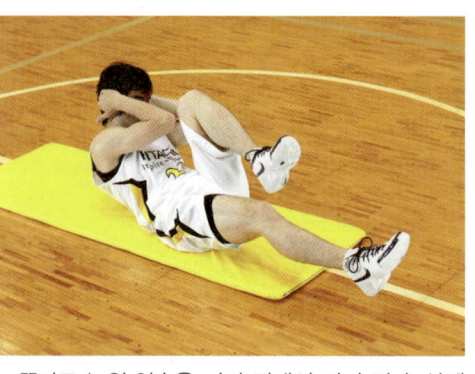

순서
① 똑바로 누워 양손을 머리 뒤에서 깍지 낀다.
② 사진과 같이 상체를 일으키며 몸을 비틀어 팔꿈치와 무릎을 닿게 한다(오른쪽 팔꿈치는 왼쪽 무릎). 이것을 교대로 반복한다.

■ 똑바로 누워 양손을 머리 뒤에서 깍지 낀다. 상체를 일으키며 몸을 비튼다.

 지도자 MEMO 메뉴 183~186과 마찬가지로 복부를 단련하는 것이 주된 목적이다. 팔꿈치와 무릎이 확실하게 닿는 것을 의식하면 더욱 몸의 비틀림이 강조된다.

기초 체력 향상

메뉴 188 싯업 오버헤드스로

스킬계열 | 파워계열 | 스태미나계열
장소 어디에서나 가능
기준 10회×1~2세트

목적
배 주위와 상반신의 순발력을 향상시킨다.

순서
① 농구공을 사용해 2인 1조로 실시한다.
② 사진과 같이 양 무릎을 굽히고 앉아, 파트너가 던져 준 공을 머리 위에서 잡아 그대로 눕는다.
③ 견갑골이 지면에 닿은 순간 재빨리 몸을 일으켜 파트너에게 오버헤드스로로 던진다.
④ 파트너는 패스를 받으면 다시 던져 준다.

■ 공을 머리 위에서 잡고 누운 상태에서 일어나 오버헤드스로로 던진다.

지도자 MEMO 농구공 대신 메디신볼(트레이닝용 공)을 사용하면 더욱 부하를 높일 수 있다.

기초 체력 향상

메뉴 189 싯업 체스트스로

스킬계열 | 파워계열 | 스태미나계열
장소 어디에서나 가능
기준 10회×1~2세트

목적
배 주위와 상반신의 순발력을 향상시킨다.

순서
① 농구공을 사용해 2인 1조로 실시한다.
② 사진과 같이 양 무릎을 굽히고 앉아, 파트너가 던져 준 공을 잡아 그대로 눕는다.
③ 견갑골이 지면에 닿은 순간 재빨리 몸을 일으켜 파트너에게 체스트 패스를 한다.
④ 파트너는 패스를 받으면 다시 던져 준다.

■ 공을 가슴 앞에서 잡고, 누운 상태에서 일어나 체스트 패스를 한다.

지도자 MEMO 메뉴 188의 다른 버전이다. 체스트 패스와 마찬가지로 공을 받으면 가슴 앞에서 가지고 있다가 일어난 다음 공을 밀어서 던진다.

기초 체력 향상

메뉴 190 밸런스 원핸드 캐치 & 스로

스킬 계열	**파워 계열**	스태미나 계열
장 소	어디에서나 가능
기 준	10회×1~2세트

목적
균형 감각을 키우면서 배 주위를 강화한다.

■ 양발을 띄우고 엉덩이로 균형을 잡으면서 파트너 와 패스를 주고받는다.

순서
① 농구공을 사용해 2인 1조로 실시한다.
② 다리를 뻗고 앉은 상태에서 양발을 띄우고 엉덩이를 축으로 균형을 잡는다.
③ 사진과 같이 파트너가 던져 준 공을 한 손으로 잡아 파트너에게 다시 던진다.

지도자 MEMO — 익숙해졌을 때는 파트너가 던지는 공의 방향을 불규칙하게 하면 난이도를 높일 수 있다.

기초 체력 향상

메뉴 191 로키 푸시업

스킬 계열	**파워 계열**	스태미나 계열
장 소	어디에서나 가능
기 준	10회×1~2세트

목적
상반신과 체간을 단련하고 순발력을 향상시킨다.

■ 공을 사용한 팔굽혀펴기. 상체를 들어 올리는 동시에 공중에서 공을 바꿔 잡는다.

순서
① 한 손을 공 위에 올려놓고 팔굽혀펴기 자세를 취한다.
② 팔꿈치를 굽혀 상체를 내렸다가 단숨에 상체를 들어 올리는 동시에 공중에서 공을 반대쪽 손으로 바꿔 잡는다.

지도자 MEMO — 기본적으로는 '팔굽혀펴기(메뉴 178/228페이지)'와 마찬가지로 상반신의 근력을 향상시키기 위한 연습이지만, 좀 더 강한 근력과 뛰어난 균형 감각이 필요하다. 고등학생 이상의 선수용이다.

기초 체력 향상

메뉴 192 백 아치

스킬 계열 | **파워 계열** | 스태미나 계열
장소: 어디에서나 가능
기준: 10회×1~2세트

목적
누운 자세에서 상체를 젖혀 배근을 단련한다.

- 누운 자세에서 상체를 젖힌다. 반동을 이용하지 않도록 속도를 조절한다.

순서
① 누워서 양팔을 머리 위로 올린다.
② 사진과 같이 상체를 젖히며 몸을 띄운다.

지도자 MEMO 반동을 이용하면 척주(몸의 축을 이루는 골격)에 과도한 부담이 가서 부상을 당할 우려가 있다. 반동을 이용하지 말고 속도를 조절하며 실시하자.

메뉴 193 암 & 레그 익스텐션

스킬 계열 | **파워 계열** | 스태미나 계열
장소: 어디에서나 가능
기준: 10회×1~2세트

목적
허리를 강화하면서 체간부의 균형 감각을 높인다.

- 양손과 양 무릎을 지면에 댄 상태에서 한쪽 손과 한쪽 발을 올린다. 이것을 반복해 실시한다.

순서
① 양손과 양 무릎을 지면에 댄다.
② 사진과 같이 한쪽 손과 그 손과 반대되는 발을 지면과 평행해지도록 올린다(사진에서는 왼손과 오른발).

지도자 MEMO 불안정한 자세로 하는 트레이닝이기 때문에 체간부의 균형 강화로도 이어진다. 속도를 조절하며 천천히 손발을 올렸다 내리자.

기초 체력 향상

메뉴 194 줄넘기

스킬 계열 | **파워 계열** | 스태미나 계열
장 소: 어디에서나 가능
기 준: 20~30초×3~5종목

목적
리듬감을 키우고 점프력을 키운다.

순서
① 줄넘기용 줄을 준비한다.
② 리듬감 있게 줄넘기를 한다.

지도자 MEMO 점프력은 뛰어난 선수가 되기 위한 조건 중 하나다. 소위 줄넘기는 간단하게 점프력을 키울 수 있는 기초적인 메뉴다. 앞뒤 또는 좌우로 점프하거나 2단 줄넘기 등 다양한 방식으로 연습하자.

기초 체력 향상

메뉴 195 턱점프

스킬 계열 | **파워 계열** | 스태미나 계열
장 소: 어디에서나 가능
기 준: 10회×2~3세트

목적
제자리에서 점프해 수직 방향으로 점프하는 힘을 키운다.

순서
① 양 허벅다리를 몸쪽으로 끌어당기며 그 자리에서 최대한 높이 점프한다.
② 양발로 착지했으면 그 반동을 이용해 다시 재빨리 점프한다.

지도자 MEMO 양 무릎을 높게 끌어 올리면 부하가 커진다. 처음에는 무릎을 뻗은 채 제자리에서 연속 점프하는 메뉴를 실시하고, 조금씩 무릎을 끌어 올리면 좋을 것이다.

기초 체력 향상

메뉴 196 바운딩

스킬 계열	**파워 계열**	스태미나 계열
장소	어디에서나 가능
기준	5회×2~3세트

목적

양발 점프를 하며 앞으로 나아가 수평 방향으로 점프하는 힘을 키운다.

순서

① 제자리 멀리 뛰기를 하는 요령으로 양발 점프를 한다.
② 양발로 착지했으면 그대로 다시 앞을 향해 연속으로 점프한다.

지도자 MEMO 부하를 높이기 위해 한 발로 뛰는 방법도 있다. 먼저 양발 점프로 시작하고, 요령을 파악했으면 한발로도 연습하도록 하자.

기초 체력 향상

메뉴 197 사이드킥

스킬 계열	**파워 계열**	스태미나 계열
장소	어디에서나 가능
기준	10회×2~3세트

목적

옆으로 점프해 횡방향으로 점프하는 힘을 키운다.

순서

① 한 발로 선 다음, 사진과 같이 옆으로 점프한다.
② 점프한 발과는 반대 발로 착지하고, 그대로 원래의 방향으로 크게 한발 점프를 한다.

지도자 MEMO 착지할 때 무릎이 안쪽을 향하지 않도록, 또 다리가 교차하지 않도록 주의한다. 무릎의 쿠션을 최대한 이용해 착지하자.

기초 체력 향상	스킬 계열　파워 계열　**스태미나 계열**
	장 소　올코트
메뉴 198 ## 베이스 러닝	기 준　30~40분

목적

이른바 장거리 달리기다. 한 경기 내내 움직일 수 있는 지구력(유산소성 지구력)을 키운다.

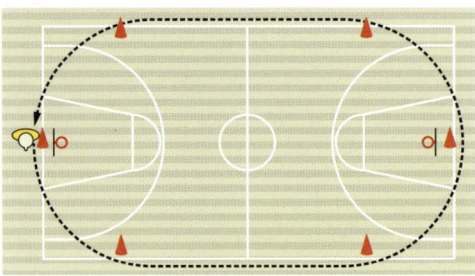

지도자 MEMO 중요한 것은 거리와 시간을 확실하게 설정해 항상 일정한 속도로 달리는 것이다. 개인에 따라 체력 차가 있으므로 같은 수준의 선수별로 그룹을 만들어 실시하면 좋을 것이다.

순서

① 거리를 알 수 있는 육상 경기용 트랙이나 공원의 러닝 코스를 이용해 일정한 페이스로 30~40분 동안 달린다. 코트에서 실시할 경우에는 그림과 같이 고깔을 놓으면 한 바퀴가 약 75미터이므로 14바퀴를 뛰면 1킬로미터가 된다.

② 1킬로미터 6분(30분을 달리면 5킬로미터) 정도의 편하게 달릴 수 있는 속도부터 시작해, 익숙해지면 속도를 높인다.

③ 심박수를 참고해 속도를 결정하는 것도 하나의 방법이다. 전문 기기가 없어도 예를 들어 10초 동안 몇 회 뛰는지 각자 측정하게 해 그 수치를 6으로 곱하면 대략적인 심박수를 확인할 수 있다. 기준은 140~160회/분 정도의 페이스가 좋다.

기초 체력 향상	스킬 계열　파워 계열　**스태미나 계열**
	장 소　올코트
메뉴 199 ## 왕복 러닝 ①	기 준　10회

목적

경기 마지막까지 본연의 속도와 힘을 지속적으로 발휘할 수 있는 지구력(무산소성 지구력)을 키운다.

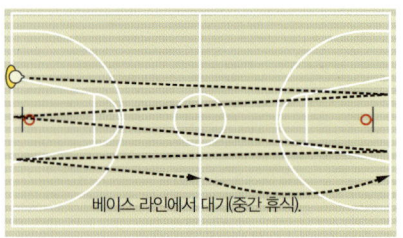
베이스 라인에서 대기(중간 휴식).

순서

① 팀 전체가 효율적으로 실시하기 위해 3개 그룹으로 나눠 그룹 순으로 실시한다. 먼저 첫번째 그룹이 엔드 라인에 나란히 선다.

② 각 선수는 그림과 같이 베이스 라인 사이를 달리며 왕복(속도는 아래를 참고)한다. 달리기가 끝났으면 반대쪽 베이스 라인에서 대기한다. 두 번째 출발은 자신들이 골인하고 1분 후에 하도록 간격을 조절한다.

- 남자 중학생: 23~26초
- 여자 중학생: 25~30초
- 남자 고교생 이상: 23~25초
- 여자 고교생 이상: 25~28초

지도자 MEMO 계속해서 급격한 턴을 하는 대시는 초중생에게는 근력적인 부담이 너무 크기 때문에 심폐 기능에 적절한 자극을 주기 어렵다. 이 메뉴와 같이 급격한 턴이 적은 편이 속도가 오르고 심폐 기능에 효율적으로 자극을 줄 수 있다.

기초 체력 향상

메뉴 200 왕복 러닝 ②

[스태미나 계열]
장소: 올코트
기준: 4회×2세트

목적

경기가 끝날 때까지 달렸다가 멈추는 운동을 반복할 수 있는 지구력(간헐적 지구력)을 키운다.

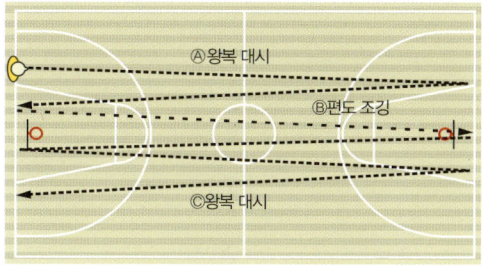

지도자 MEMO
농구는 격렬한 공수 교대의 연속이다. 이 메뉴는 메뉴 199에 비해 대시의 속도를 높이고 사이에 조깅을 끼워 넣음으로써 운동의 강약을 줬다. 턴 후 3초 동안 속도를 높인다는 생각으로 달리자.

순서

① 3그룹으로 나눠 그룹 순으로 실시한다. 먼저 첫 번째 그룹이 엔드 라인에 나란히 선다.
② 코트의 베이스 라인 사이를 Ⓐ왕복 대시, 이어서 Ⓑ편도 조깅, 그리고 Ⓒ왕복 대시한다(속도는 아래를 참고). 3그룹까지 끝나면 첫 번째 그룹이 다시 출발한다.

- 남자 중학생: Ⓐ대시 10~11초, Ⓑ조깅 16~17초, Ⓒ대시 16~17초
- 여자 중학생: Ⓐ대시 11~12초, Ⓑ조깅 17~18초, Ⓒ대시 17~18초
- 남자 고등학생 이상: Ⓐ대시 10초, Ⓑ조깅 15초, Ⓒ대시 15초
- 여자 고등학생 이상: Ⓐ대시 11초, Ⓑ조깅 16초, Ⓒ대시 16초

메뉴 201 왕복 러닝 ③

[스태미나 계열]
장소: 올코트
기준: 3회×3세트

목적

경기가 끝날 때까지 달렸다가 멈추는 운동을 반복할 수 있는 지구력(간헐적 지구력)을 키운다.

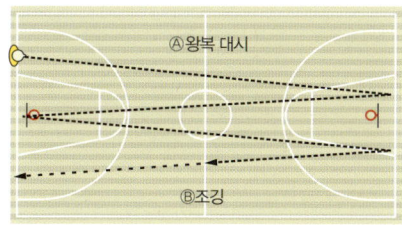

순서

① 그림과 같이 코트의 베이스 라인 사이를 대시로 왕복하고, 그 후 베이스 라인까지 조깅한다(속도는 아래를 참고).
② 이것을 세 번 연속으로 반복하고, 그 후 2분 동안 중간 휴식을 취한다.
③ 똑같이 3세트를 실시한다.

- 남자 중학생: Ⓐ대시 20~22초, Ⓑ조깅 10초
- 여자 중학생: Ⓐ대시 21~23초, Ⓑ조깅 10초
- 남자 고등학생 이상: Ⓐ대시 20초, Ⓑ조깅 10초
- 여자 고등학생 이상: Ⓐ대시 21초, Ⓑ조깅 10초

지도자 MEMO
설정 시간은 어디까지나 기준이다. 체력에는 개인 차가 있으므로 먼저 전력으로 뛰었을 때 간신히 통과할 수 있는 시간을 설정한 후, 체력이 붙으면 조금씩 시간을 단축시키도록 하자.

New 농구교본

1판 14쇄 | 2025년 1월 2일
지 은 이 | 오노 슈지
감 수 자 | 김동광
옮 긴 이 | 김정환
발 행 인 | 김인태
발 행 처 | 삼호미디어
등   록 | 1993년 10월 12일 제21-494호
주   소 | 서울특별시 서초구 강남대로 545-21 거림빌딩 4층
          www.samhomedia.com
전   화 | (02)544-9456
팩   스 | (02)512-3593

ISBN 978-89-7849-435-9

Copyright 2011 by SAMHO MEDIA PUBLISHING CO.

출판사의 허락 없이 무단 복제와 무단 전재를 금합니다.
잘못된 책은 구입처에서 교환해 드립니다.